Jorge Bergoglio
Abraham Skorka

Sobre el cielo
y la tierra

JORGE BERGOGLIO nació en Buenos Aires el 17 de diciembre de 1936. En 1969 recibió la ordenación sacerdotal y en 1992 la ordenación episcopal.

Fue nombrado arzobispo de Buenos Aires en 1998 y cardenal del título de San Roberto Bellarmino en 2001. El 13 de marzo de 2013 se convirtió en el primer Papa latinoamericano, adoptando el nombre de Francisco.

ABRAHAM SKORKA nació en Buenos Aires el 5 de julio de 1950. Es rector del Seminario Rabínico y rabino de la Comunidad Benei Tikva. Profesor de Biblia y Literatura Rabínica y de Derecho Hebreo, es coautor y compilador de *Introducción al Derecho Hebreo* (2001), y autor de *Miles de años por semana* (1997) y *¿Hacia un mañana sin fe?* (2006), entre otros. En 2012 la Pontificia Universidad Católica Argentina le otorgó el Doctorado Honoris Causa, convirtiéndose así en el primer rabino en recibir tal condecoración.

Sobre el cielo y la tierra

Sobre el cielo y la tierra

JORGE BERGOGLIO

ABRAHAM SKORKA

Vintage Español
Una división de Random House, Inc.
Nueva York

PRIMERA EDICIÓN VINTAGE ESPAÑOL, ABRIL 2013

Vintage ISBN: 978-0-804-16876-2

www.vintageespanol.com

Impreso en los Estados Unidos de América
10   9   8   7   6   5   4   3   2

Sobre el cielo y la tierra

EL DIÁLOGO COMO EXPERIENCIA

por *Abraham Skorka*

"Y les dijo Dios..."[1] Es el primer testimonio dialogal que hallamos en la Biblia. La única criatura a la que se dirige en tal sentido el Creador es el ser humano. Del mismo relato del Génesis resulta que el individuo se caracteriza por su especial capacidad para relacionarse con la naturaleza, con el prójimo, consigo mismo y con Dios.

Los referidos vínculos que tiende el hombre no conforman, por cierto, compartimentos estancos e independientes unos de otros. La relación con la naturaleza nace a partir de su observación y la íntima elaboración de lo observado; con el prójimo, a partir de las pasiones y las experiencias vividas, y con Dios, a partir de lo más profundo del ser, nutrido por todas las anteriores y como consecuencia del diálogo consigo mismo.

El verdadero diálogo demanda tratar de conocer y entender al interlocutor, y marca la esencia de la existencia del

---

[1] Génesis 1:28.

hombre pensante; como lo expresa —a su manera— Ernesto Sabato en el prólogo de *Uno y el universo*:[2] "Uno se embarca hacia tierras lejanas, o busca el conocimiento de hombres, o indaga la naturaleza, o busca a Dios; después se advierte que el fantasma que se perseguía era Uno mismo".

En el diálogo con el prójimo, las palabras son meros vehículos comunicantes cuyo sentido no es siempre el mismo, en ciertos aspectos, aun para todos los miembros de una sociedad que habla el mismo idioma. Hay matices propios que cada uno les otorga a muchos de los vocablos que hacen al acervo idiomático. El diálogo demanda para sus actores descubrirse mutuamente.

"La vela de Dios es el alma del hombre que revela todos los ámbitos de las entrañas."[3] Dialogar, en su sentido más profundo, es acercar el alma de uno a la del otro, a fin de revelar e iluminar su interior.

En el momento en que se alcanza una dimensión dialogal tal, uno se da cuenta de las similitudes que comparte con el otro. Las mismas problemáticas existenciales, con sus demandas y sus múltiples resoluciones. El alma de uno se refleja en la del otro. Los hálitos divinos que ambos poseen saben entonces aunarse para conformar junto a él una atadura que jamás flaqueará, como está dicho: "La cuerda de tres dobleces no ha de desmembrarse rápidamente".[4]

Muchos fueron los momentos que sirvieron de acercamiento y conocimiento entre el cardenal Bergoglio y yo, y que pavimentaron una senda larga de encuentros con distintas características y circunstancias.

---

[2] Edición definitiva, Seix Barral, Buenos Aires, 1995.
[3] Proverbios 20:27.
[4] Eclesiastés 4:12.

Cierto día fijamos lugar y fecha para sentarnos meramente a hablar. El tema era la vida misma en sus múltiples facetas: la sociedad argentina, la problemática mundial, las expresiones de vileza y grandeza que presenciábamos en derredor. Dialogar en la más absoluta intimidad, salvo la presencia de Él, que aunque no lo nombráramos asiduamente (¿acaso hacía falta?) lo sentíamos siempre presente.

Los encuentros fueron repitiéndose, cada uno con sus propios temas. Cierta vez, fijado el encuentro en mi escritorio en la comunidad, le fui comentando acerca de ciertos documentos enmarcados que adornan las paredes del despacho. Me detuve en unas hojas manuscritas del famoso pensador, el rabino Abraham Joshua Heschel, y en otros textos. Sin embargo, mi amigo se detuvo en el mensaje de salutación que había pronunciado en la sinagoga hacía unos años, en ocasión del inicio de la liturgia del año nuevo hebreo, que se encontraba colgado junto al de Heschel. Mientras acomodaba algunas cosas del siempre desordenado ámbito, lo observé parado frente a aquellas páginas firmadas y datadas por él.

La intriga me embargó. ¿Qué habrá pasado por su mente en aquel momento? ¿Qué tenía de peculiar ese gesto, más que el de cuidar y mostrar un documento que considero testimonio valioso en lo que hace al diálogo interreligioso de nuestro medio? No le pregunté. Hay silencios, a veces, que guardan en sí un dejo de respuesta.

Pasado un tiempo, fijamos nuestra reunión en su escritorio, en el Arzobispado. La conversación conllevó a discutir acerca de la presencia del sentimiento religioso en la poesía hispanoamericana. Me dijo: "Tengo una antología en dos tomos al respecto que se la presto, aguarde que voy a la biblioteca a buscarlos". Quedé en la soledad de su pequeño estudio. Observé el armario con las fotos que lo acompañaban. Deben de ser seres muy queridos y significativos para él, reflexioné. Repentinamente distinguí entre ellas, enmarcada, una foto que le había regalado de un encuentro compartido en el que nos habíamos retratado juntos.

Quedé impactado, en silencio. Hallé la respuesta de aquel otro.

En aquella reunión decidimos componer este libro.

Si bien todo rabino durante su formación pacta un compromiso especial con Dios, pues como maestro de la Ley adquiere el deber de ser paradigma de ella más que cualquier otro judío, una vez en funciones, se debe a los hombres su compromiso con el Creador. Al igual que los profetas, luego de los momentos de elevación espiritual en soledad, debe retornar a la gente y enseñarle sobre la base de la espiritualidad adquirida. Pues las dimensiones espirituales alcanzadas individualmente sólo adquieren sentido, al decir de los relatos bíblicos, cuando sirven para compartirlas con muchos.

Si bien es la palabra oral la que más utilizan los rabinos, siempre subyace el desafío de pulir los términos y plasmarlos en escritos. Las palabras pueden desdibujarse o tergiversarse en el tiempo. Los conceptos escritos permanecen, documentan y permiten que muchos tengan acceso a ellos.

Con el cardenal Bergoglio me unen estas dos enseñanzas. Siempre la preocupación, y el tema central de nuestras charlas, fue y es el individuo y su problemática. Solemos anteponer la espontaneidad oral a la estructuración de lo escrito. Por lo cual, plasmar en un libro la intimidad de nuestros diálogos significó aunarnos con el prójimo, quienquiera que fuese éste. Transformar el diálogo en conversación con muchos, desnudar las almas, aceptando todos los riesgos que ello implica, pero profundamente convencidos de que es la única senda del conocimiento de lo humano, aquella susceptible de acercarnos a Dios.

EL FRONTISPICIO COMO ESPEJO

por Jorge Bergoglio

El Rabino Abraham Skorka hizo referencia, en un escrito, al frontispicio de la Catedral Metropolitana que representa el encuentro de José con sus hermanos. Décadas de desencuentros confluyen en ese abrazo. Hay llanto de por medio y también una pregunta entrañable: ¿aún vive mi padre? No sin razón, en los tiempos de la organización nacional, fue puesta allí esa imagen: representaba el anhelo de reencuentro de los argentinos. La escena apunta al trabajo por instaurar una "cultura del encuentro". Varias veces aludí a la dificultad que los argentinos tenemos para consolidar esa "cultura del encuentro", más bien parece que nos seducen la dispersión y los abismos que la historia ha creado. Por momentos, llegamos a identificarnos más con los constructores de murallas que con los de puentes. Faltan el abrazo, el llanto y la pregunta por el padre, por el patrimonio, por las raíces de la Patria. Hay carencia de diálogo.

¿Es verdad que los argentinos no queremos dialogar? No lo diría así. Más bien pienso que sucumbimos víctimas de actitudes que no nos permiten dialogar: la prepotencia, no saber escuchar, la crispación del lenguaje comunicativo, la descalificación previa y tantas otras.

El diálogo nace de una actitud de respeto hacia otra persona, de un convencimiento de que el otro tiene algo bueno que decir; supone hacer lugar en nuestro corazón a su punto de vista, a su opinión y a su propuesta. Dialogar entraña una acogida cordial y no una condena previa. Para dialogar hay que saber bajar las defensas, abrir las puertas de casa y ofrecer calidez humana.

Son muchas las barreras que en lo cotidiano impiden el diálogo: la desinformación, el chisme, el prejuicio, la difamación, la calumnia. Todas estas realidades conforman cierto amarillismo cultural que ahoga toda apertura hacia los demás. Y así se traban el diálogo y el encuentro.

Pero el frontispicio de la Catedral todavía está allí, como una invitación.

Con el Rabino Skorka hemos podido dialogar y nos ha hecho bien. No sé cómo empezó nuestro diálogo, pero puedo recordar que no hubo muros ni reticencias. Su sencillez sin fingimiento facilitó las cosas, incluso que le preguntara, después de una derrota de River, si ese día iba a cenar cazuela de gallina.

Cuando me propuse publicar algunos diálogos nuestros, el "sí" me salió espontáneo. Reflexionando luego, en soledad, la explicación de esta respuesta tan rápida, pensé que se debía a nuestra experiencia de diálogo durante bastante tiempo, experiencia rica que consolidó una amistad y que daría testimonio de caminar juntos desde nuestras identidades religiosas distintas.

Con Skorka no tuve que negociar nunca mi identidad católica, así como él no lo hizo con su identidad judía, y esto no sólo por el respeto que nos tenemos sino también porque así concebimos el diálogo interreligioso. El desafío consistió en caminar con respeto y afecto, caminar en la presencia de Dios y procurando ser irreprochables.

Este libro testimonia ese camino... a Skorka lo considero hermano y amigo, y creo que ambos, a lo largo de estas reflexiones, no dejamos de mirar con los ojos del corazón ese frontispicio de la Catedral, tan decidor y promisorio.

1. SOBRE DIOS

Skorka: Hace muchos años que nos conocemos y que se forjó una fraternal amistad entre nosotros. Cuando analizo los textos talmúdicos encuentro uno que dice que la amistad significa compartir comidas, momentos, pero al final señala que la real amistad consiste en poder revelarle al otro la verdad del corazón. Eso es lo que se fue dando a través del tiempo entre nosotros. Creo que indudablemente lo primero que nos unió fue y sigue siendo Dios, quien hizo cruzar nuestros caminos y permitió revelarnos la verdad de nuestros corazones. Si bien abordábamos múltiples temas en nuestras habituales conversaciones, nunca hablábamos explícitamente de Dios. Tácitamente, por supuesto, se hallaba presente. Sería bueno comenzar este encuentro, que planeamos dejar como testimonio de nuestro diálogo, hablando de aquel que tanto significa en nuestra existencia.

Bergoglio: ¡Qué buena la palabra *camino*! En la experiencia personal de Dios no puedo prescindir del camino. Diría que a Dios se lo encuentra caminado, andando, buscándolo y dejándose buscar por Él. Son dos caminos que se encuentran. Por un lado, el nuestro que lo busca, impulsado por este instinto que fluye del corazón. Y después, cuando nos encontramos, nos damos cuenta de que Él nos buscaba desde antes, nos *primereó*. La experiencia religiosa inicial es la del camino: Caminá hasta la tierra que te voy a dar.[5] Es una promesa que Dios le hace a Abraham. Y en esa promesa, en ese camino, se establece una alianza que se va consolidando en los siglos. Por eso digo que mi experiencia con Dios se da en el camino, en la búsqueda, en dejarme buscar. Puede ser por diversos caminos, el del dolor, el de la alegría, el de la luz, el de la oscuridad.

Skorka: Lo que usted dice me refiere a distintos versículos bíblicos. Por ejemplo, cuando Dios le dice a Abraham: "Camina delante de mí y sé íntegro".[6] O cuando el profeta Miqueas le quiere explicar al pueblo de Israel lo que Dios espera, y entonces le dice: "Hacer justicia, amar la piedad y caminar con humildad junto a tu Dios".[7] Sin lugar a dudas, la experiencia de Dios es dinámica, por utilizar una palabra que aprendimos en nuestras comunes ciencias exactas.[8] Pero, ¿qué cree que le podríamos decir al hombre en estos tiempos cuando el concepto de Dios se halla tan degradado, vapuleado, tan mal usado?

Bergoglio: Lo fundamental que hay que decirle a todo hombre es que entre dentro de sí. La dispersión es un quiebre en el interior, nunca lo va a llevar a encontrarse consigo mismo, impide ese momento de mirar al espejo de su corazón. Ahí está la semilla: contenerse a uno mismo. Ahí empieza el diálogo. Uno a veces cree tener *la precisa*, pero no es así. Al hombre de hoy le diría que haga la experiencia de entrar en

---

[5] Génesis 12:1.
[6] Génesis 17:1.
[7] 6:8.
[8] Abraham Skorka es doctor en Química y Jorge Bergoglio, técnico químico.

la intimidad para conocer la experiencia, el rostro de Dios. Por eso me gusta tanto lo que dice Job después de su dura experiencia y de diálogos que no le solucionaron nada: "Antes te conocía de oído, ahora te han visto mis ojos".[9] Al hombre le digo que no conozca a Dios de oídas. El Dios vivo es el que va a ver con sus ojos, dentro de su corazón.

Skorka: El libro de Job nos da una gran enseñanza, porque —en síntesis— dice que no podemos entender cómo se manifiesta exactamente Dios en las acciones individuales. Job, que era un hombre de justicia, de rectitud, quiere saber por qué perdió todo, hasta su salud. Sus amigos le dicen que Dios lo castigó porque ha pecado. Él les contesta que aun si hubiera pecado, no era para tanto. Recién cuando aparece Dios, Job se queda tranquilo. No obtiene una respuesta, lo único que existe es un sentir del Señor. De este relato se pueden deducir varias cosas que marcan mi personal percepción de Dios. Primero: que los amigos de Job —que defendieron una tesis que decía "has pecado, por ende, Dios te ha castigado", transformando a Dios en una especie de computadora que premia o castiga— incurrieron en arrogancia y necedad. Al final del relato, Dios le dice a Job —que tanto le recriminaba la injusticia que el Creador hizo con él— que interceda en oración por sus amigos,[10] porque ellos habían hablado incorrectamente acerca de él. Quien gritó sus penas a los cuatro vientos al reclamar por la justicia celestial fue visto placenteramente por Dios. Los que sostenían un discurso esquemático acerca de la esencia de Dios fueron aborrecidos por Él. Dios, a mi entender, se revela a nosotros de un modo muy sutil. Nuestro sufrimiento en el presente podría ser una respuesta para

---

[9] 42:5.
[10] 42:7-8.

otros en un futuro. O tal vez seamos nosotros una respuesta de algún pasado. Se honra a Dios en el judaísmo cumpliendo con los preceptos revelados por Él. Se siente su presencia a través de una búsqueda, como usted mencionó, en una senda que cada uno y cada generación deben configurar.

Bergoglio: Exactamente. El hombre recibe la creación en sus manos como un don. Dios se la da, pero a la vez le impone una tarea: que domine la Tierra. Ahí aparece la primera forma de incultura, lo que el ser humano recibe, la materia prima que debe ir dominando para realizar la cultura: transformar un leño en una mesa. Pero hay un momento en que el hombre se excede en esa tarea, se entusiasma demasiado y pierde el respeto por la naturaleza. Entonces surgen los problemas ecológicos, el calentamiento global, que son las nuevas formas de incultura. El trabajo del hombre frente a Dios y frente a sí mismo debe mantenerse en una tensión constante entre el don y la tarea. Cuando el hombre se queda sólo con el don y no hace la tarea, no cumple su mandato y queda primitivo; cuando el hombre se entusiasma demasiado con la tarea, se olvida del don, crea una ética constructivista: piensa que todo es fruto de sus manos y que no hay don. Es lo que yo llamo el síndrome de Babel.

Skorka: En la literatura rabínica se pregunta qué es lo que no le gustó a Dios en la torre de Babel. ¿Por qué frenó la construcción confundiendo las lenguas? La explicación más simple de la lectura del texto es porque esas construcciones que trataban de llegar a los cielos eran parte de un culto pagano. Implicaba un acto de arrogancia con respecto a Dios. El midrash[11] dice que a Dios le molestó que a los constructores

---

[11] Textos homiléticos de los sabios del Talmud en los que se exponen interpretaciones no literales del texto bíblico.

de la torre les importara más perder un ladrillo que si desde semejante altura se cayera un hombre. Eso es lo que pasa hoy, es el juego entre el don y la tarea. El equilibrio tiene que ser exacto, el hombre tiene que progresar pero para volver a ser hombre. Si bien el que sembró y generó todo es Dios, el centro de lo material y de la gran obra divina es el hombre. En la realidad que estamos viviendo lo único que importa es el éxito del sistema económico, y lo último que importa es el bienestar de todos los hombres.

Bergoglio: Lo que usted dijo es genial. En el síndrome de Babel no está solamente la postura constructivista, sino que también aparece la confusión de lenguas. Eso es típico de situaciones en las que se da una exageración de la tarea, ignorando el don, porque en ese caso el puro constructivismo lleva a la falta de diálogo, que a su vez conlleva la agresión, la desinformación, la crispación... Cuando uno lee a Maimónides y a Santo Tomas de Aquino, dos filósofos casi contemporáneos, vemos que siempre empiezan poniéndose en el lugar del adversario para entenderlo; dialogan con las posturas del otro.

Skorka: De acuerdo con la interpretación talmúdica, Nimrod era un dictador de Babilonia que tenía a todos en un puño y por eso se hablaba un solo idioma, el suyo. El tirano impuso construir una torre que llegara a los cielos para dejar su marca, y así —con cierta arrogancia— estar más cerca de Dios. No se trataba de una edificación pensando en el hombre. Lo importante no era que todos vivieran bien. El castigo fue que cada uno tuviera su propia lengua, por haber construido lo suyo, a través de un único idioma despótico, y no algo universal. Este relato es tremendo y tiene una vigencia impresionante.

2. SOBRE EL DIABLO

Bergoglio: El Demonio es, teológicamente, un ser que optó
por no aceptar el plan de Dios. La obra maestra del Señor es
el hombre, algunos ángeles no lo aceptaron y se rebelaron.
El Demonio es uno de ellos. En el libro de Job es el tentador,
aquel que busca destruir la obra de Dios, el que nos lleva a
la suficiencia, a la soberbia. Jesús lo define como el padre
de la mentira, y el libro de la Sabiduría dice que el pecado
entró en el mundo por la envidia del Diablo a la obra maestra
de Dios. Sus frutos son siempre la destrucción, la división,
el odio, la calumnia. Y en la experiencia personal, lo siento
cada vez que soy tentado para hacer algo que no es lo que
Dios me pide. Creo que el Demonio existe. Quizá su mayor
éxito en estos tiempos fue hacernos creer que no existe, que
todo se arregla en un plano puramente humano. La vida
del hombre sobre la Tierra es una milicia, lo dice Job en el
sentido de que las personas son constantemente puestas a
prueba; es decir, una lucha por superar situaciones y supe-
rarse. San Pablo lo toma y lo aplica a los atletas que en un
estadio se tienen que privar de muchas cosas para lograr el
éxito. La vida cristiana también es una suerte de atletismo,

de pugna, de carrera, donde hay que deshacerse de las cosas que nos separan de Dios. Más allá de esto, quiero señalar que una cosa es el Demonio y otra es demonizar las cosas o las personas. El hombre es tentado, pero no por eso hay que demonizarlo.

Skorka: La concepción judía es tremendamente amplia. Dentro de la mística existe lo que llaman "el otro sentido", algo así como si hubiera fuerzas del mal. Si bien en la Biblia aparece esa imagen primigenia de la víbora —y que podría interpretarse como una fuerza del mal que incita al hombre en contra de Dios— en el caso del Satán de Job, al igual que el que aparece en Bilam, se trata más bien de hipóstasis de Dios. El Satán, en el caso de Job, formula delante del Señor las dudas que emergen en nuestra conciencia al ver un hombre íntegro que agradece a Dios mientras no le falta nada en la vida: si lo bendijo con todo, ¿por qué no ha de agradecerle a Dios? ¿Hará lo mismo a la hora de la angustia? En el caso de Bilam, contratado por Balak para maldecir al pueblo de Israel,[12] el Satán se colocó enfrente de él para que no trasgreda la orden de Dios de no aceptar el encargo del rey de Moab. Cuando hablamos del bien y del mal que se manifiestan en la creación, hay un versículo que es el que a mí más me convence; aparece en el libro del profeta Isaías[13] y dice que Dios es el hacedor de la luz y el creador de la oscuridad, el que hace la paz y el que crea el mal. Es un versículo muy complicado que interpreto diciendo que, al igual que la oscuridad, no existe en sí mismo, sino que es la ausencia de la luz. El mal es quitarle el bien a una realidad y tampoco existe en sí mismo. Yo, más que de un ángel, prefiero hablar

---

[12] Números 22.
[13] 45:7.

del instinto. No se trata, para mí, de un elemento externo sino de una parte interna del hombre que desafía al Señor.

Bergoglio: En la teología católica también hay un elemento endógeno, que se explica a partir de la caída de la naturaleza después del pecado original. En lo que usted llama instinto coincidimos, en el sentido que no siempre que uno hace algo inapropiado es porque lo empuja el Demonio. Uno puede hacer algo malo por su propia naturaleza, por su "instinto", que se potencia por la tentación exógena. En los Evangelios llama la atención que Jesús empieza su ministerio con cuarenta días de ayuno y oración en el desierto, y en ese momento Satán lo tienta con las piedras para que se conviertan en pan, con la promesa de que no le pasará nada si se tira del templo y con el compromiso de que tendrá todo lo que quiera si lo adora. Es decir, el Demonio se apoya en la situación existencial de ayuno y le propone una "salida omnipotente", centrada en sí mismo (una salida de satisfacción, de vanidad y de orgullo) que lo aleja de su misión e identidad de Siervo de Yavé.

Skorka: Aceptarlo, en última instancia, está en el libre albedrío de cada individuo. Todo lo demás son percepciones, interpretaciones que nos vienen de los textos que consideramos sagrados. Lo que queda claro es que hay un algo, sea el instinto o sea el Diablo, que se nos presenta como un desafío para dominarlo, para desterrar lo malo. La maldad no puede dominarnos.

Bergoglio: Ésa es precisamente la lucha del hombre sobre la tierra.

3. SOBRE LOS ATEOS

Bergoglio: Cuando me encuentro con personas ateas comparto las cuestiones humanas, pero no les planteo de entrada el problema de Dios, excepto en el caso de que me lo planteen a mí. Si eso ocurre, les cuento por qué yo creo. Pero lo humano es tan rico para compartir, para trabajar, que tranquilamente podemos complementar mutuamente nuestras riquezas. Como soy creyente, sé que esas riquezas son un don de Dios. También sé que el otro, el ateo, eso no lo sabe. No encaro la relación para hacer proselitismo con un ateo, lo respeto y me muestro como soy. En la medida en que haya conocimiento, aparecen el aprecio, el afecto, la amistad. No tengo ningún tipo de reticencias, no le diría que su vida está condenada porque estoy convencido de que no tengo derecho a hacer un juicio sobre la honestidad de esa persona. Mucho menos si me muestra virtudes humanas, esas que engrandecen a la gente y me hacen bien a mí. De todas formas conozco más gente agnóstica que atea, el primero es más dubitativo, el segundo está convencido. Tenemos que ser coherentes con el mensaje que recibimos de la Biblia: todo hombre es imagen de Dios, sea creyente o no. Por esa sola razón cuenta con una serie de virtudes, cualidades, grandezas. Y en el caso de que tenga bajezas, como yo también las tengo, podemos compartirlas para ayudarnos mutuamente a superarlas.

Skorka: Coincido con lo que dijo, el primer paso es respetar al prójimo. Pero agregaría un punto de vista: cuando una persona dice "yo soy ateo", creo que está tomando una postura arrogante. La posición más rica es la del que duda. El agnóstico piensa que no halló todavía la respuesta, ahora el ateo está convencido, ciento por ciento, de que Dios no existe. Tiene la misma arrogancia que quien asevera que Dios existe, tal como existe esta silla sobre la que estoy sentado. Los religiosos somos creyentes, no damos por hecho su existencia. La podemos percibir en un encuentro muy, muy, pero muy profundo, pero a Él nunca lo vemos. Uno recibe respuestas sutiles. El único que, según la Torá, explícitamente hablaba con Dios, cara a cara, era Moisés. A los demás —Jacob, Isaac—, la presencia de Dios les llegaba en sueños o en refracciones. Decir que Dios existe, cual si fuera una certeza más, también es una arrogancia, por más que yo crea que Dios existe. No puedo afirmar superficialmente su existencia porque debo tener la misma humildad que le exijo al ateo. Lo exacto sería señalar —como Maimónides enuncia en sus trece principios de la fe— "yo creo con fe plena que Dios es el Creador". Siguiendo la línea de Maimónides, uno puede decir lo que Dios no es, pero no puede asegurar lo que Dios es. Se pueden mencionar sus cualidades, sus atributos, pero de ninguna manera darle forma. Al ateo le recordaría que hay una perfección en la naturaleza que está enviando un mensaje; podemos conocer sus fórmulas, pero nunca su esencia.

Bergoglio: La experiencia espiritual del encuentro con Dios no es controlable. Uno siente que Él está, tiene la certeza, pero no puede controlarlo. El hombre está hecho para dominar la naturaleza, ése es su mandato divino. Pero con su

Creador no puede hacerlo. Por eso en la experiencia de Dios siempre hay un interrogante, un espacio para arrojarse a la fe. Rabino, usted dijo una cosa que, en parte, es cierta: podemos decir lo que no es Dios, podemos hablar de sus atributos, pero no podemos decir qué es. Esa dimensión apofántica, que revela cómo hablo de Dios, es clave en nuestra teología. Los místicos ingleses hablan mucho de este tema. Hay un libro de uno de ellos, del siglo XIII, *The Cloud of Unknowing*, que intenta una y otra vez describir a Dios y siempre termina señalando lo que no es. La misión de la teología es reflexionar y explicar los hechos religiosos y, entre ellos, a Dios. A las teologías que intentaron definir con certeza y exactitud no sólo los atributos de Dios, sino que tuvieron la pretensión de decir totalmente cómo era, también yo las podría clasificar como arrogantes. El libro de Job es una continua discusión sobre la definición de Dios. Hay cuatro sabios que van elaborando esa búsqueda teológica, y todo termina con una expresión de Job: "Antes te conocía de oídas, ahora te han visto mis ojos". La imagen de Dios que tiene Job al final es distinta de la del principio. La intención de este relato es que la noción que tienen estos cuatro teólogos no es verdadera, porque a Dios siempre se lo está buscando y encontrando. Y se da esa paradoja: se lo busca para encontrarlo y porque se lo encuentra, se lo busca. Es un juego muy agustiniano.

Skorka: Yo creo con fe plena que Dios existe. A diferencia del ateo —que asegura que no existe y elimina cualquier tipo de duda—, yo utilizo la palabra fe, que implícitamente deja traslucir algún margen de incerteza. De alguna manera, digamos, le doy cierto crédito —mínimo— a lo que escribió Sigmund Freud,[14] que decía que necesitamos la idea de Dios

---

[14] Sigmund Freud fue el padre del psicoanálisis.

por nuestra angustia existencial. Pero después de haber investigado con cierta profundidad las posturas que niegan la existencia de Dios, vuelvo a creer. Cuando cierro el círculo, vuelvo a sentir la presencia de Dios. De todas formas, hay cierto dejo de dudas porque se trata de una cuestión existencial, no es una teoría matemática, aunque en ella también existan las dudas. Pero cuando pensamos en Dios hay que hacerlo en términos especiales, no desde la lógica común. Eso ya lo planteó Maimónides. Un agnóstico puede formular sus famosas paradojas: si Dios —por ejemplo— es omnipotente, seguramente va a ser capaz de crear una piedra que él no pueda levantar; pero si crea semejante piedra, significa que no es omnipotente. Dios está más allá de toda lógica y sus paradojas. Maimónides explica que Él conoce las cosas en su forma completa. Nosotros solamente tenemos un conocimiento limitado. Si tuviésemos el mismo conocimiento que Él, seríamos dioses.

4. SOBRE LAS RELIGIONES

Skorka: La relación que cada hombre tiene con Dios es muy especial. ¿Acaso no somos distintos en nuestra manera de ser, en nuestros gustos, en nuestras experiencias? Nuestra relación y nuestro diálogo con Dios son peculiares. Y hay diferentes tradiciones religiosas que conllevan ese diálogo. "¿Por qué son distintas las religiones?", se pregunta la gente. Creo que la respuesta es: porque las experiencias individuales son distintas. Cuando esas experiencias se reúnen en torno de un denominador común, se conforma una religión. En el caso del judaísmo, por ser una religión milenaria, se la debe interpretar en términos antiguos. En Roma se diferenciaba entre religión, nación y pueblo. En el judaísmo, el origen de cuya existencia es unos mil años antes que el de Roma, los tres conceptos son indisolubles. Ser parte del pueblo judío significa aceptar su religión, como lo expresó Rut a Naomi: "Tu pueblo será el mío, tu Dios será mi Dios".[15] Por otra parte existe en el judaísmo el concepto de pueblo elegido, que lleva

---

[15] 1:16.

a muchos a la confusión. Hubo un encuentro entre Abraham y Dios, como resultado de éste ambos pactan. Y Abraham compromete a su futura simiente con su cumplimiento. La esencia del pacto es que el pueblo mantenga una ética basada en los preceptos que Dios le iba a revelar, a fin de dar testimonio de su presencia en la realidad humana. Como lo expresa Amós: "Sólo a ustedes he conocido entre todas las familias de la Tierra. Por ello he de recordar sobre ustedes todos vuestros pecados".[16] En el capítulo 9, versículo 7, el mismo profeta expresa en nombre de Dios: "Ustedes, hijos de Israel, son para mí igual que los etíopes, dice Dios. A los hijos de Israel he elevado (sacado) de Egipto, a los filisteos de Kaftor y a Aram de Kir". Somos el pueblo elegido por Dios para algo específico, en una elección que cada generación debe repactar con Él. Lamentablemente, los que nos odian nos endilgan que nos consideramos "una raza superior"; por parafrasear la definición nazi de su propio pueblo, considerando a los judíos una "raza inferior". El cristianismo amplió el concepto de "pueblo de Israel" para todos aquellos que abrazaran su fe.

Bergoglio: Dios se hace sentir en el corazón de cada persona. También respeta la cultura de los pueblos. Cada pueblo va captando esa visión de Dios, la traduce de acuerdo con la cultura que tiene y la va elaborando, purificando, dándole un sistema. Algunas culturas son más primitivas en sus explicitaciones. Pero Dios se abre a todos los pueblos, llama a todos, provoca a todos para que lo busquen y lo descubran a través de la creación. En el caso nuestro, del judaísmo y del cristianismo, existe una revelación personal. Él mismo nos sale al encuentro, se nos revela, nos marca el camino y nos

---

[16] 3:2.

acompaña, nos dice su nombre, nos conduce por medio de los profetas. Los cristianos creemos que, finalmente, se nos manifiesta y se nos entrega en Jesucristo. Por otra parte, a lo largo de la historia, existieron circunstancias que fueron creando cismas y constituyendo comunidades diversas, que son modalidades distintas de vivir el cristianismo, como la Reforma. Vivimos una guerra de treinta años y se fueron plasmando distintas confesiones. Es muy duro y vergonzoso, pero la realidad es ésa. Dios es paciente, espera, Dios no mata, el hombre se arroga hacerlo en su representación. Matar en nombre de Dios es una blasfemia.

Skorka: ¿Cómo puede ser que haya gente que habla mal de otra gente que practica otra religiosidad cuando ella es sincera o trata de acercar a los hombres a Dios? Los que se erigen en conocedores de la verdad absoluta, juzgando con displicencia las acciones de los demás, suelen practicar —con frecuencia— un credo ignominiosamente pagano. El paganismo es un tema central en la literatura bíblica. En el antiguo Israel, cuando se hacían los sacrificios, en el Día del Perdón[17] había que tomar dos chivos. La tradición[18] decía que esos chivos debían ser lo más parecidos posible. Uno se debía sacrificar a Dios; el otro se sacrificaba en un lugar del desierto, para llevarse todos los pecados del pueblo. De paso, muchos se preguntan: "¿Acaso Dios necesita sacrificios?" Maimónides[19] pensaba que el hombre sentía que debía hacerlo en agradecimiento, Dios le concedió esa posibilidad de acercarse a Él con ciertas limitaciones: por ejemplo, no hay ofrendas humanas. Ya que el sentimiento

---

[17] Levítico 16.
[18] Misnah Ioma 6:1.
[19] *Guía de los perplejos*, parte III, cap. 32.

humano necesitaba expresarse con ofrendas, las reguló. Volviendo al tema, cuando analicé este aspecto del ritual del Día del Perdón, me pregunté por qué tenían que ser los dos chivos iguales. ¿Qué respuesta hallé? Que a veces, con el mismo envoltorio, se pueden empaquetar cosas diferentes. Se puede hablar en nombre de Dios, se pueden usar vestimentas que refieren a la pureza o a acciones de elevación espiritual y bajo ese mismo manto se pueden destilar las peores cosas. Entre lo pagano y lo puro a veces hay un camino muy estrecho. Usando técnicas consideradas rituales religiosos por algunos, fueron encendidas las más funestas pasiones de las masas en el siglo XX. Fue cuando se desplazó a Dios.

Bergoglio: Matar en nombre de Dios es ideologizar la experiencia religiosa. Cuando sucede esto, aparece la politiquería y surge el endiosamiento del poder en nombre de Dios. Quienes lo hacen son personas que se autoerigen en Dios. En pleno siglo XX arrasaron con pueblos enteros porque se consideraban Dios. Los turcos lo hicieron con los armenios, el comunismo estalinista con los ucranianos, el nazismo con los judíos. Utilizaban un discurso de atributos divinos para matar hombres. En verdad es una manera sofisticada de matar por la autoestima exagerada. El segundo mandamiento propone amar a tu prójimo como a ti mismo. Ningún creyente puede clausurar la fe en su persona, en su clan, en su familia, en su ciudad. Un creyente es esencialmente un salidor al encuentro de otro creyente, o de otro que no es creyente, para darle una mano. La Biblia en eso es impresionante: el profeta Amós es un látigo cuestionando a los que cometen injusticias con sus hermanos, a los que no salen a ayudar, a los que no van a llevar la presencia de Dios al pobre, al desvalido. También en la ley aparece "el rebusque". ¿Qué es? El libro de Ruth lo describe, dice que no hay que volver sobre el terreno ya cosechado, porque siempre quedan restos de la cosecha que deben ser para la viuda y el huérfano.

Skorka: La concepción bíblica nos enseña que descendemos todos de un hombre primigenio. O sea que todos estamos enlazados con vínculos de hermandad. Uno nunca debiera llegar a ser indiferente al hombre, toda la Biblia tal vez no sea más que un clamor: no seas indiferente a lo espiritual, a Dios y a tu prójimo. ¿Cuál es acaso la función social de la religión?

Bergoglio: Vuelvo a los primeros dos mandamientos: el primero es amarás a tu Dios con todo tu corazón y toda tu alma; el segundo, amarás al prójimo como a ti mismo. Jesús dice que en estos dos mandamientos está toda la ley. De aquí que la concepción liberal de lo religioso en el templo, y eliminarlo afuera de él, no cierre. Hay acciones que habitualmente se hacen en el templo, como la adoración a Dios, la alabanza, el culto. Pero hay otras que se hacen afuera, como toda la dimensión social que tiene la religión. Empieza en un encuentro comunitario con Dios, que está cercano y camina con su pueblo y se va desarrollando a lo largo de la vida con pautas éticas, religiosas, de fraternidad, etcétera. Ahí hay algo que regula el comportamiento con los demás: la justicia. Creo que el que adora a Dios tiene, en esa experiencia, un mandato de justicia para con sus hermanos. Es una justicia sumamente creativa, porque inventa cosas: educación, promoción social, cuidado, alivio, etcétera. Por eso, el hombre religioso íntegro es llamado el hombre justo, lleva la justicia hacia los demás. En ese aspecto, la justicia del religioso o la religiosa crea cultura. No es lo mismo la cultura de un idólatra que la cultura que crea una mujer o un hombre que adoran al Dios vivo. Juan Pablo II tenía una frase muy arriesgada: una fe que no se hace cultura no es una verdadera fe. Marcaba esto: crear cultura. Hoy, por ejemplo, tenemos culturas idólatras en nuestra sociedad: el consumismo, el relativismo y el hedonismo son una muestra de ello.

Skorka: El culto tiene sentido cuando se está junto al otro; si no, no es culto. ¿A qué y a quién le estamos rindiendo culto? Ésta es una pregunta esencial. Por eso siempre digo que un sacerdote o un rabino deben embarrarse los pies. El templo es sólo parte de lo religioso. El templo que no se nutre de la vida, y no nutre a la vida, forma parte del paganismo.

Bergoglio: No tengo dudas de que deben embarrarse los pies. Hoy, los curas ya no usan la sotana. Pero un sacerdote recién ordenado lo hacía y algunos curas lo criticaban. Entonces preguntó a un sacerdote sabio: "¿Está mal que use sotana?" El sabio le contestó: "El problema no es si la usás, sino que te la arremangues cuando te la tenés que arremangar para trabajar por los demás".

Skorka: Las religiones son dinámicas y para no anquilosarse deben estar permanentemente en contacto con el afuera. Lo que nunca cambia en una religión son los valores. Toda cultura, en última instancia, nace sobre la base de la respuesta a tres preguntas: cómo concibe esa cultura a Dios, al hombre y la naturaleza. El judaísmo dice que Dios es un ser eterno, que la máxima criatura creada por Dios es el hombre y que la naturaleza es algo que creó a partir de la nada. Esto es lo peculiar del pensamiento judaico a diferencia del grecorromano, en el que había siempre una teogonía, una mitología religiosa, donde los dioses se pelean, después llegan al Olimpo y luego se introducen un poco en lo que pasa con los hombres. La novedad que trae el judaísmo es la creencia en un solo Dios, absolutamente espiritual. Después viene la revelación —cómo Dios se muestra al hombre y al pueblo de Israel, en particular— y más tarde viene la Torá, un conjunto de principios del derecho que ya está escrito en forma muy genérica. No es un texto taxativo. Cuando alguien estudia el Talmud, lo que analiza es cómo interpreta tal o cual rabino los diferentes preceptos de la Torá. Por eso, en el judaísmo, constantemente tiene que haber evolución y replanteos. Ahora, insisto, lo que no puede cambiar es ese puñado de axiomas, que son los valores. Aquel que lo único que le importa es que en el servicio religioso se diga una palabra determinada o que la ceremonia se realice de cierta manera —y que se queda con una tradición que es muy importante pero no deja de ser superficial si no viene acompañada por una vida de justicia, rectitud, amor— está optando por el envoltorio. Un paquete lindo pero sin contenido sustancioso. "Yo hago exactamente lo mismo que hacía mi padre, en esencia tengo los mismos valores. Pero mi padre fue mi padre y yo soy yo. Su experiencia de vida me sirve en parte, sólo en parte", solía comentar un rabí jasídico.

Bergoglio: Para mí también la esencia de lo que se conserva está en el testimonio de los padres. En nuestro caso, el de los apóstoles. En los siglos III y IV se formulan teológicamente las verdades de fe reveladas y transmitidas que son innegociables, la herencia. Eso no significa que a lo largo de la historia, por el estudio y la investigación, no se vayan encontrando luces sobre esas verdades: cómo es Jesús, cómo se configura la Iglesia, cómo es el verdadero comportamiento cristiano, cómo son los mandamientos. Todo eso se va enriqueciendo con las explicaciones. Hay cosas que son opinables, pero —repito— la herencia no se negocia. El contenido de una fe religiosa es susceptible de ser profundizado por el pensamiento humano, pero cuando esa profundización entra en colisión con la herencia es herejía. De todas formas, las religiones afinan algunas expresiones con el tiempo, aunque es un proceso lento por el vínculo sagrado que tenemos con la herencia recibida. Es tal ese respeto que debemos tener cuidado de no meter la pata por ir muy rápido. Un teólogo medieval expresaba así el progreso en la comprensión de la herencia, la revelación recibida: "La regla legítima de todo progreso y la norma correcta de todo crecimiento consisten en que la herencia se consolide a través de las edades, se desarrolle con el correr de los años y crezca con el paso del tiempo". Dar respuestas con la herencia recibida a las nuevas cuestiones de hoy lleva tiempo y más cuando se tocan temas de conciencia. Cuando yo era chico a una familia de divorciados habitualmente no se le pisaba la casa, menos si se volvía a casar. Hoy el mismo Papa convoca a los que están en una nueva unión a participar en la vida de la Iglesia. Les pide que oren, que trabajen en las comunidades parroquiales, en las obras de caridad. Por el hecho de que estén al margen de un mandamiento no se les borra el bautismo. Admito que el ritmo puede no seguir la velocidad de los cambios sociales, pero los líderes santos, aquellos que buscan la voz de Dios, tienen que tomarse el tiempo necesario para ir encontrando las respuestas. También se corre el riesgo de que se mezclen otros intereses económicos, culturales, geopolíticos. Hay que saber distinguir.

5. SOBRE LOS LÍDERES RELIGIOSOS

Skorka: Para una persona que quiere formarse como religioso, la palabra clave —indudablemente estaremos de acuerdo— es vocación. Si no hay vocación, no hay nada. La otra palabra que usted suele enfatizar es tradición. La vocación para servir a Dios nace por medio de un profundo proceso de introspección; en la búsqueda de uno mismo, de su relación con el prójimo, de los mensajes que percibe de la naturaleza. En esos encuentros con la existencia, que ocurren en la adolescencia cuando se busca la senda a seguir en la vida, uno halla la dimensión espiritual de Dios. Como resultado de ese encuentro hay quienes deciden adoptar un compromiso superlativo con Dios. Una vez que se ejerce la función de guía espiritual el desafío es servir a Dios mediante del compromiso que se adopta con el prójimo. Dios, de acuerdo al relato del Génesis, hizo al hombre a su imagen y semejanza. Ser la imagen o semejanza de alguien significa tener algo que nos refiere a aquél. Al ver al prójimo debo ver a Dios. No se trata de una ayuda teórica, sino bien práctica. Por otra parte, los muchos años de docencia me han enseñado que la formación de alguien que se dedica a transitar una senda de espiritualidad hay que tratarla con mucho cuidado. Porque, lamentablemente, la historia nos enseña que hay mucha gente que se abrogó propiedades espirituales y se erigió en líder para llevar su grey a desastres, como los crímenes de Waco o Guyana. Hay que tener muchísimo cuidado con aquel que se erige en pretendido redentor de otros.

Bergoglio: Concuerdo con la palabra vocación, en nuestra tradición es clave. Cuando Dios irrumpe, lo hace con un llamado: "Abraham salí de tu tierra, de la casa de tu padre y andá a la tierra que yo te mostraré". Dios lo mete en el camino. Dios llama, y eso lo vemos en la vocación de los grandes líderes. En nuestra tradición, una misión siempre empieza con un llamado. Hay un caso que siempre me llamó la atención, el del endemoniado de la zona de Gerasa. Jesús le quita el demonio y después él quiere seguirlo. Jesús le dice que no, que se quede en su tierra y le cuente a los suyos lo que le pasó. Jesús —de alguna manera— le propone: "Proclamá las maravillas de Dios a tu pueblo". Por eso, la palabra vocación es clave. También puede haber rechazos a esos llamados o a la vocación. En el Evangelio, el caso más típico es el joven rico. Jesús lo miró con simpatía, lo amó y le dijo que, si quería seguirlo más de cerca, vendiera todo lo que tenía, se lo diera a los pobres y lo siguiera. El joven se quedó muy triste, no lo hizo porque era muy rico. Jesús lo invita, lo llama. Pero él no se animó a dar ese paso, es un llamado frustrado. En el Evangelio, Jesús dice: "No son ustedes los que me eligieron a mí, soy yo el que los elegí a ustedes". También es importante lo otro que usted dijo: es necesario tener un discernimiento inicial clave; se trata de lo que en la espiritualidad cristiana llamamos la rectitud de intención. Es decir, con qué intención venís, no es que conscientemente alguien venga con mala intención, que sea pirata, pero hay motivaciones inconscientes que pueden florecer en fanatismos u otras deformaciones. A lo largo de toda la formación hay que ir purificando la rectitud de intención, porque nadie al sentirse llamado responde con rectitud plena, está todo muy mezclado porque somos pecadores.

Skorka: En el libro del Deuteronomio[20] aparece un párrafo muy interesante que señala cómo distinguir entre un profeta falso y uno verdadero. El Talmud dice que un profeta falso también puede llegar a mostrar señales sobrenaturales como una prueba de lo que está afirmando. Ese párrafo del Deuteronomio es muy importante, dice que un profeta es falso si te quiere desviar de la senda de Dios, de la justicia, de honrar la vida, y da un montón de pruebas para confirmarlo. Entonces, ¿qué tiene que hacer el feligrés frente a ese líder que a veces, a sabiendas o no, lleva a su comunidad a la destrucción a través de un poder psíquico enorme y un léxico religioso? Hay distintos cuadros bíblicos que enseñan al respecto, y cuyo mensaje sería: cuidado, aléjate de todo aquel que pretende conquistar tu corazón y tenerte en su puño dominando tu mente y tu voluntad. Volviendo al párrafo aludido del Deuteronomio: cada uno debe analizar el mensaje del profeta en su esencia. Si no condice con lo justo, misericordioso y bondadoso, su mensaje es falso y debe ser aborrecido. Una de las maneras en que el feligrés puede darse cuenta de que alguien quiere coartar su libertad interior y cautivarlo se da cuando ese líder habla con una certeza absoluta: "Dios me dijo esto, y esto es así y se acabó". Lo mismo respecto de los maestros que actúan como si lo que dijeran fuera perfecto. Si ocurre eso, hay que desconfiar. Las cuestiones de la fe se transmiten con humildad. Siempre hay que dejar lugar a la duda. En el capítulo

---

[20] 13:2-6.

27 del libro del profeta Jeremías, en el que Dios le dice al profeta que el pueblo tiene que seguir soportando el yugo de Nabucodonosor, le ordena que coloque un yugo sobre su espalda en señal de que el pueblo no haga ninguna revuelta. De repente llega otro profeta, Jananiá ben Azur, que le saca el yugo y lo rompe. Jeremías, en vez de decirle que Dios le había dicho otra cosa a él, acepta la acción de Jananiá, se da vuelta, regresa a su intimidad y dialoga nuevamente con Dios, quien le vuelve a confirmar lo que había dicho antes, que el pueblo debe seguir soportando el yugo del imperio babilónico. Esto demuestra dos cosas. La primera, que Dios es dinámico y puede llegar a cambiar su parecer. La Biblia dice: "Retornen a Dios para que Dios cambie su sentencia". Éste es el mensaje del libro de Jonás. No podemos hablar de Dios y de sus mensajes en términos absolutos, siempre debe aflorar la duda interpretativa, que forma parte del acto de fe. El otro concepto que enseña este relato es acerca de la gran palabra que debiera definir a un líder religioso —la única virtud explícita que la Torá otorga a Moisés—: la humildad. Todo líder religioso que tenga soberbia, que carezca de humildad, que hable en forma absoluta y arrogante, no es un buen líder religioso. El líder que es arrogante, que no sabe estar junto a las personas, que dice todo el tiempo "yo soy", no debiera ser líder religioso.

Bergoglio: Pero que los hay, los hay. "Dígamelo a mí, señora", decía en mi tiempo Catita, el personaje de Niní Marshall. Me gustó lo que usted dijo sobre la duda, porque eso va directo a la experiencia que uno a la larga tiene si quiere ser justo en la presencia de Dios. Los grandes dirigentes del pueblo de Dios fueron hombres que dejaron lugar a la duda. Volviendo a Moisés, es el personaje más humilde que hubo sobre la tierra. Delante de Dios no queda otra que la humildad, y el que quiere ser dirigente del pueblo de Dios tiene que dar espacio a Dios; por lo tanto achicarse, ahuecarse a sí mismo con la duda, con las experiencias interiores de oscuridad, de no saber qué hacer. Todo eso finalmente lo va purificando. El mal dirigente es el autoseguro, el pertinaz. Una de las características del mal dirigente es ser excesivamente prescriptivo por la autoseguridad que tiene.

Skorka: La fe requiere necesariamente de la duda. La fe misma debe manifestarse por medio de cierto sentimiento de duda. A Dios lo presiento, lo siento, hablé muchas veces con él, pero la esencia de la fe es seguir buscándolo. Puedo tener un 99,99 por ciento de certeza acerca de Él, pero nunca el ciento por ciento, porque uno vive buscándolo. Para los judíos, la duda hace a la misma fe. Después de la Shoá, nos preguntamos cómo es que Dios nos dejó, como es que no intervino si Él es pura justicia, si siempre está cerca del justo, del sufriente. Son los mismos cuestionamientos que se hacía Job, cuando le preguntaba a Dios por qué murieron sus hijos, por qué perdió su salud, por qué perdió todo si era una persona justa y buena. De alguna manera, la respuesta de Dios fue: "Yo tengo mis razones, inconocibles para el hombre que queda con sus dudas".

Bergoglio: A mí siempre me sedujo la frase de Job que ya mencioné: "Antes te conocía de oídas, pero ahora te han visto mis ojos". Después de una prueba, uno ve las cosas de otra manera, progresa en la comprensión. Pero retomando el tema de los ministros religiosos, la humildad es lo que da garantía de que el Señor está ahí. Cuando alguien es autosuficiente, cuando tiene todas las respuestas para todas las preguntas, es una prueba de que Dios no está con él. La suficiencia se advierte en todos los falsos profetas, en los líderes religiosos errados, que utilizan lo religioso para su propio ego. Es la postura de los religiosos hipócritas, porque hablan de Dios, que está por sobre todas las cosas, pero no ponen en práctica sus mandatos. Jesús decía al pueblo fiel, refiriéndose a ellos: "Hagan lo que dicen pero no lo que hacen".

Skorka: Es necesario enseñar con el ejemplo en forma constante. Hay que dotar de una dimensión de humildad a los que siguen la opción del liderazgo religioso y tratar de machacar todo el tiempo que lo que están eligiendo es una acción de santidad. En mi comunidad existe una agrupación juvenil, y a los chicos que se forman para ser guías de los distintos grupos siempre les digo que tienen una misión muy especial. Ellos deben saber acerca de teorías lúdicas para que los chicos lo pasen lo mejor posible, tienen que inculcar valores sociales para que los chicos sepan qué es convivir, pero sólo con esas enseñanzas no habría ninguna diferencia entre ellos y los líderes de cualquier otra entidad. Por eso les digo que, además, están obligados a mostrar un camino religioso. Su misión es de santidad, pues debe contar con un componente espiritual, que se manifiesta a través de rezos, de rituales con un contenido especial para que los chicos puedan encontrar su sentido. En definitiva, estos líderes ayudan a la tarea de un rabino. Por otra parte, todos aquellos que ejercen un liderazgo tienen que darse cuenta de que no deben proyectar sus propios problemas en su función y que en ningún momento se la *deben creer*. Cuando hablo con la gente que necesita ayuda porque está enferma o angustiada, siempre le digo: "Vamos a ver qué me dice mi *jefe*". Jamás me presento como si ser rabino implicase poseer atributos especiales. Una vez, terminé de oficiar un casamiento y fue a saludarme un matrimonio que me recordó que los había casado hacía ocho años. Lo primero que me salió preguntarles fue si habían tenido chicos, y me contestaron que lamentablemente ella perdía los embarazos. Yo les agarré las manos y les dije: "Sigan con fuerza y esperanza". Pasó un tiempo y la mujer finalmente tuvo una hijita. Volvió al templo para darle el nombre, como marca la tradición. Una vez finalizada la ceremonia, se acercó para preguntarme si recordaba cómo les había aconsejado que siguieran con fuerza y fe. Le aclaré, como se dice hoy, que yo les eché buenas ondas pero que no fueran a creer que habían sido mis palabras las que conllevaron el éxito de su embarazo. Sólo le pedí a Dios. Algunos presentes en esa escena me decían, de manera jocosa, que publicitara el caso así el templo se llenaba de fieles y donaciones.

Bergoglio: El rabino sanador...

Skorka: De ninguna manera. Sí creo que una persona puede tener la fuerza espiritual para ayudar al enfermo, pero el milagro viene de Dios. Del hombre, jamás. La tradición jasídica[21] enseña que el Talmud[22] dice que el mundo se sostiene por la presencia de 36 hombres justos, pero en el momento en que alguno de ellos se sabe justo, deja de serlo.

Bergoglio: Me nace una natural desconfianza cuando aparecen los fenómenos sanadores, incluso cuando aparecen las revelaciones, las visiones; estas cosas me ponen muy a la defensiva. Dios no es una especie de Andreani, que envía mensajes todo el tiempo. Es distinto cuando un creyente dice que está sintiendo algo. Sin embargo, hay que admitir que a lo largo de la historia la profecía existió y sigue existiendo. Y hay que dejar un lugar para alguien a quien Dios elija como

---

[21] El jasidismo es un movimiento religioso judío que nació en Europa del este en el siglo XVIII. Posee un gran contenido místico y revitalizó la fe de sus miembros mediante cánticos, bailes, relatos y tradiciones.
[22] Talmud babilónico, Sanhedrín, 97, b.

profeta, con las características de verdadero profeta. Pero no suelen ser esos que dicen traer una cartita del cielo. Tengo que desautorizar muchos casos en Buenos Aries, porque son más habituales y frecuentes de lo que uno cree. Pensar que lo que siente usted o yo como consolación espiritual, cuando oramos, sea una profecía o una revelación para todo el mundo, es una ingenuidad muy grande. A veces, hay cosas que la gente siente y, por una mala interpretación o por un desequilibrio psíquico, algunos lo confunden con una profecía. Hace poco tuve que atender a una señora por teléfono que tenía un mensaje para todos los argentinos, y yo tenía que autorizarla para que lo difundiera "para salvarnos a todos". Me mandó el mensaje y vi que había cosas que no andaban, imprecisiones, errores. Le dije que no podía autorizarla. Ella insistió en que estaba en desacuerdo conmigo y que igual iba a transmitir el mensaje en forma privada. Hay gente que se siente con una especie de vocación profética. Otra cuestión, más fácil de interpretar, es la sanación. Hoy, con estudios de parapsicología, con opiniones de oncólogos que dicen que hay influencia de lo psíquico sobre lo físico, pueden explicarse algunas cosas. También existe la intercesión ministerial de un rabino o presbítero que ora o pide por la salud de otro y se da. Para mí lo que avala una persona que está según la ley de Dios en la sanación es la sencillez, la humildad, la falta de espectacularidad. De lo contrario, más que sanación puede ser un negocio.

Skorka: Coincido totalmente. Si hace un espectáculo de sus *poderes* no es un verdadero religioso, construye una mentira. Existe una moda por la que mucha gente busca respuestas para la solución de problemas físicos o humanos en el más allá. Se necesita tener mucho cuidado cuando alguien va a ver a un rabino —se me ocurre que lo mismo sucede con un sacerdote—, porque lo que obtendrá es una respuesta de fe. No es equivalente a la respuesta de un médico. Jamás debemos ponernos en el lugar del médico. Si alguien viene con un problema de salud, yo lo ayudo, le doy una palabra, lo contengo, pero al mismo tiempo le digo que el tratamiento médico lo debe seguir a rajatabla.

Bergoglio: Para eso, Dios nos pone los instrumentos.

Skorka: Esto me hizo recordar un viejo cuento. Se había producido una inundación, y un hombre quedó parado en el techo de su casa pidiendo socorro. Enseguida llega una canoa a rescatarlo y él se niega a subir. "Yo me quedo acá porque Dios me va a ayudar", le dice al que remaba. Al rato aparece una lancha de los bomberos para salvarlo y otra vez no se sube: "De ninguna manera, yo me quedo acá porque Dios me va a salvar", repite. Más tarde llega al rescate un helicóptero de la policía, pero se niega a subir utilizando la misma frase: "Dios me va a salvar". Finalmente, el hombre muere y cuando llega al cielo le reclama a Dios: "¡Por qué no me ayudaste y me dejaste morir!" Dios se enoja: "¿Cómo que no te ayudé? Te mandé una canoa, una lancha, un helicóptero y no aceptaste".

Bergoglio: Muy bueno, Rabino. Me gustaría retomar la cuestión del liderazgo. Sostengo que el de una congregación no puede asimilarse al de una ONG. Me gustó mucho una palabra que usted usó hace un ratito: santidad. Ése es el mandato de Dios a Abraham. La palabra santidad es como un trampolín hacia lo trascendente. En una ONG, la palabra santidad no entra. Sí tiene que haber un comportamiento social adecuado, honestidad, una idea de cómo va a llevar adelante su misión, una política hacia adentro. Puede funcionar fenómeno dentro de su laicidad. Pero en la religión, la santidad es ineludible en su líder.

Skorka: No hay dudas, quien dirige una comunidad tiene que ser una persona recta, que trabaja en pos de la justicia y obra en consecuencia. Uno de los aspectos más desafiantes de la función del líder religioso es la intercesión, interceder entre la gente para lograr la paz. Y bíblicamente hablando: interceder por el pueblo ante Dios. Es lo que Abraham hizo cuando regateó con Dios para salvar a los justos de Sodoma y Gomorra, las ciudades condenadas por Él, debido a las iniquidades que se vivían en ellas. Se trató de un regateo con Dios para salvar seres humanos. ¡Cuánto dista esta actitud de la enfermiza lucha por ejercer un poder omnímodo, arbitrario y antojadizo, como se suele ver frecuentemente! Las grandes dictaduras del siglo XX conforman la más horrenda prueba de ello. Hay estudiosos del comportamiento humano y de las sociedades que opinan que los movimientos totalitarios del siglo XX —como el nazismo o el comunismo— tuvieron ciertas características que provenían de las estructuras religiosas, como la utilización de cierta simbología, la mística. Las masas suelen soñar con *salvadores* que han de resolver todos sus problemas y angustias, hecho utilizado y manipulado por genios del mal que las seducen, conquistan sus mentes y corazones, para conducirlas a la postre a su antojo. Este fenómeno lo viene sufriendo la Argentina hace mucho tiempo. Nuestra sociedad tiende a elegir salvadores. Por eso, creo que podemos tener dirigentes pero no líderes, porque los líderes conducen hacia ciertas metas. Los dirigentes sólo administran. Los líderes verdaderos se manejan con valores que sustentan la visión de un trabajo con proyección de trascendencia, con el ansia de hacer una historia en el presente que resuelva los problemas del futuro y sirva de paradigma a las generaciones venideras. A los dirigentes sólo les preocupa el presente. Por otra parte, si la política tiene algo que ver con la religión, no es, por supuesto, en lo referente a Dios, sino por la necesidad del acercamiento a los problemas humanos. Política y religión son dos visiones para abordar un mismo problema: el hombre y sus vicisitudes. La única defensa para que el pueblo no permita un liderazgo nefasto es la educación.

6. SOBRE LOS DISCÍPULOS

Bergoglio: Una pregunta que cabría hacerse a esta altura es cómo formamos, cómo vamos haciendo crecer a los que deciden transitar el camino religioso. Algunos creen que uno, para hacerse cura, abraza la *carrera eclesiástica*. Por suerte esa expresión pasó de moda, porque la palabra *carrera* da la imagen de que existe un escalafón, como si fuera una empresa. En cambio, todo nace a partir de que alguien es llamado, convocado, tocado por Dios. Nosotros basamos la formación en cuatro pilares. El primero es la vida espiritual, donde el aspirante entra en el diálogo con Dios, en el mundo interior. Para eso, el primer año de formación está dedicado a conocer y practicar la vida de oración, la vida espiritual. Después todo eso sigue pero con menor intensidad. El segundo pilar se refiere a la vida comunitaria, no concebimos la formación solitaria. Es esencial ser "amasado" y crecer en una comunidad y, después, saber llevarla, dirigirla. Para eso existen nuestros seminarios. En cualquier comunidad aparecen competencias, celos, y eso ayuda a pulir el corazón y aprender a dar lugar a los otros. Esas situaciones se revelan hasta en los partidos de fútbol de los seminaristas. Otro pilar es la vida intelectual, los seminaristas cursan en la Facultad de Teología: son seis años de estudio. Dos son de filosofía, como base de la teología. Después está la teología dogmática, la elaborada por los estudiosos: cómo se explica Dios, la Trinidad, Jesús, los sacramentos. Además están los contenidos bíblicos y la teología moral. El cuarto pilar es lo que llamamos la vida apostólica: los seminaristas van los fines de semana a una parroquia que tienen asignada para ayudar al párroco en las cuestiones ministeriales. En el último año de formación, directamente viven en la parroquia. Buscamos que en ese año de total dedicación vayan aflorando virtudes y defectos. En ese momento surgen más nítidamente las cosas a corregir y las que vale la pena fomentar en su personalidad, el carisma. Solemos decir que estos cuatro pilares tienen que interactuar, influir el uno en el otro.

Skorka: En el judaísmo formar un rabino no es fácil, porque las fuentes de las que estudiamos están en hebreo, en arameo. Las clases son en hebreo. Además, una vez que los seminaristas ya tienen un mínimo de conocimientos respetables, van a trabajar como asistentes de rabinos, debido a que hay escasez de líderes religiosos. Por supuesto que en nuestra currícula también tenemos materias como Filosofía, Biblia, Talmud, Historia, Crítica Bíblica. Como se trata de un Seminario Rabínico de la corriente conservadora,[23] el espectro del conocimiento y de las interpretaciones de las fuentes es muy amplio. También analizamos la literatura hebrea de todos los tiempos y otros materiales que hacen a

---

[23] La corriente judía conservadora es aquella que enseña a mantener las costumbres y leyes por la tradición pero, a diferencia de las muy tradicionalistas, mediante un diálogo intelectual profundo y muy dinámico con el desarrollo científico en todos sus campos.

la acción pastoral: Psicología, Sociología, Antropología. Algo importante para nosotros es que todos los que ingresen en el Seminario tengan un título universitario previo o estén estudiando una carrera.

Bergoglio: No es necesario un título universitario para ser seminarista católico. El título lo adquieren en Teología o Filosofía, pero de hecho cada vez hay más seminaristas universitarios con título o con dos o tres años de carrera. Vemos que ya no es como antes, en el seminario entra gente más grande. Esta situación resulta mucho mejor, porque en la UBA conocés la vida real, los diferentes puntos de vista que hay sobre ella, los distintos enfoques científicos, el cosmopolitismo... Es una forma de tener los pies en la tierra.

Skorka: Justamente para eso lo exigimos nosotros, para que los religiosos tengan sentido de la realidad. Lo ideal es que el título sea en el área humanística. Pero no es excluyente, de hecho yo soy doctorado en Química en la UBA. A Dios también se lo puede conocer desde la perfección de sus obras. Yo me veía como un investigador en distintos campos de la ciencia, aunque siempre me gustaron los estudios judaicos. Y en un determinado momento me volqué a la docencia del judaísmo. Ya oficiaba como rabino mientras hacía el doctorado. Como decía Albert Einstein, a mí también me encantaría tener el plano con que Dios creó al Universo. No creo que haya contradicción entre los dos campos. El hecho de que se pueda descubrir un orden, para mí son como pistas que Dios le da al hombre.

Bergoglio: Nosotros aceptamos en el seminario, aproximadamente, a sólo el cuarenta por ciento de los que se postulan, es decir que la vocación tiene que ser discernida. Por ejemplo, existe un fenómeno psicológico: patologías o neurosis que buscan seguridades externas. Hay algunos que sienten que por sí mismos no van a tener éxito en la vida y buscan corporaciones que los protejan. Una de esas corporaciones es la clerecía. Al respecto, estamos con los ojos abiertos, tratamos de conocer bien a las personas que demuestran interés, les hacemos test psicológicos en profundidad antes de que ingresen en el seminario. Después, en la convivencia de un año previa al ingreso, durante todos los fines de semana, se va viendo y se discierne entre la gente que tiene vocación y la que en realidad no es llamada sino que busca un refugio o se equivoca en la percepción de la vocación. En la hipótesis de que todos los que entran son llamados, también puede aparecer luego la infidelidad a ese llamado. El caso de Saúl: fue llamado y traicionó al Señor.[24] Un ejemplo sería el caso de la mundanidad. A lo largo de la historia, ha habido curas y obispos mundanos. Uno piensa que tener una mujer de contramano es ser un cura mundano, pero ésa es sólo una de las dobles vidas que se suele tener. Están aquellos que buscan negociar lo religioso por alianzas políticas o por la mundanidad espiritual. Un teólogo católico, Henri de Lubac, dice que lo peor que les puede pasar a los que son ungidos, llamados al servicio, es que vivan con criterios del mundo en vez de los criterios que mandó el Señor desde las tablas de la ley y el Evangelio. Si esto sucediera en toda la Iglesia, la situación sería mucho peor que aquellas épocas vergonzosas con pastores libertinos. Lo peor que nos puede pasar en la vida sacerdotal es ser mundanos, obispos o curas *light*.

Skorka: La visión judía también dice que no hay que meterse en lo mundano. Una frase del Talmud señala que los sabios critican a aquellos que buscan la vida momentánea, del ahora, y desprecian o dejan de lado la vida eterna, que

---

[24] Saúl no cumple con sus preceptos y mandatos. Véase Samuel I,13:7-14;15.

significa pensar que todo lo que uno hace tendrá proyección en el futuro, trascendencia. Hasta ahí estamos de acuerdo, pero yo preguntaría —aquí hallamos una de las diferencias entre la visión judía y la visión católica— cómo lo hacemos. La Iglesia católica en un momento decidió exigir lo máximo: devoción total, no formar familia. Pide estar en un mundo pero no conectarse con lo mundano. El judaísmo en eso difiere. Dice: "Vos tenés que aceptar el desafío de vivir en el mundo y luchar con todas las dificultades que la moda del momento traiga a tu casa y seguir aferrándote a esos valores". No obstante, dentro de la comunidad judía también existe gente muy observante que se encierra en su gueto y se relaciona con el mundo exterior sólo para sus mínimas necesidades. Yo, en cambio, pertenezco al movimiento conservador —mejor llamado tradicionalista—, que propone a los judíos que estén con un pie dentro de la realidad y sus problemáticas y que con el otro intenten seguir manteniendo férrea esa idea de no estar en lo mundano. Es difícil, y ése es uno de los grandes problemas del judaísmo en este momento. Hoy no vivimos más en guetos, nos transformamos en cosmopolitas. La lucha de este momento pasó a ser no dejarse arrastrar por las modas y aferrarse a esa búsqueda de espiritualidad. El sacerdote del catolicismo tiene un desafío enorme: mezclarse junto al pueblo sin quedarse en su torre de marfil. El judaísmo muy tradicionalista, también. El desafío en común es no dejarse llevar por lo mundano, pero tenemos respuestas diferentes para resolver un problema de igual raíz.

Bergoglio: Hago una aclaración: el sacerdote católico no se casa en la tradición occidental, pero sí puede hacerlo en la oriental. Allí se casan antes de recibir la ordenación; si ya se ordenó, entonces no puede casarse. Y el laico católico, que vive en plenitud, va por el mismo camino que usted señalaba.

Está metido en el mundo hasta la coronilla, pero sin dejarse llevar por el espíritu del mundo. Y eso cuesta muchísimo. Ahora, ¿qué sucede con nosotros, los consagrados? Somos tan débiles que siempre está la tentación de la incoherencia. Uno quiere el pan y la torta, quiere lo bueno de la consagración y lo bueno de la vida laical. Antes de entrar en el seminario, yo iba por ese camino. Pero después, cuando uno cultiva esa elección religiosa, encuentra fuerza en ese camino. Al menos yo lo vivo así, lo cual no quita que por ahí uno conozca una chica. Cuando era seminarista me deslumbró una piba que conocí en un casamiento de un tío. Me sorprendió su belleza, su luz intelectual... y, bueno, anduve boleado un buen tiempo, me daba vueltas en la cabeza. Cuando volví al seminario después del casamiento, no pude rezar a lo largo de toda una semana porque cuando me predisponía a hacerlo aparecía la chica en mi cabeza. Tuve que volver a pensar qué hacía. Todavía era libre porque era seminarista, podía volverme a casa y chau. Tuve que pensar la opción otra vez. Volví a elegir —o a dejarme elegir— el camino religioso. Sería anormal que no pasara este tipo de cosas. Cuando esto sucede, uno se tiene que resituar. Tiene que ver si vuelve a elegir o dice: "No, eso que estoy sintiendo es muy hermoso, tengo miedo a que después no sea fiel a mi compromiso, dejo el seminario". Cuando a algún seminarista le pasa algo así, lo ayudo a irse en paz, a que sea un buen cristiano y no un mal cura. En la Iglesia occidental, a la que pertenezco, los curas no pueden casarse como en las iglesias católicas bizantina, ucraniana, rusa o griega. En ellas, los sacerdotes pueden casarse; los obispos no, tienen que ser célibes. Ellos son muy buenos curas. A veces los cargo, les digo que tienen mujer en su casa pero que no se dieron cuenta de que también se compraron una suegra. En el catolicismo occidental, el tema se discute impulsado por algunas organizaciones. Por ahora se mantiene firme la disciplina del celibato. Hay quien dice, con cierto pragmatismo, que estamos perdiendo mano de obra. Si, hipotéticamente, el catolicismo occidental revisara el tema del celibato, creo que lo haría por razones culturales (como en Oriente), no tanto como opción universal. Por el momento, estoy a favor de que se mantenga el celibato, con los pro y los contra que tiene, porque son diez siglos de buenas experiencias más que de fallas. Lo que pasa es que los escándalos se ven enseguida. La tradición tiene peso y validez. Los ministros católicos fueron eligiendo el celibato poco a poco. Hasta 1100, había quien optaba por él y quien no. Después, en Oriente siguió la tradición no celibataria, como opción personal, y en Occidente al revés. Es una cuestión de disciplina, no de fe. Se puede cambiar. En lo personal, a mí nunca se me cruzó por la cabeza casarme. Pero hay casos. Fíjese lo del presidente paraguayo Fernando Lugo, un tipo brillante. Pero siendo obispo tuvo una caída y renunció a la diócesis. En esta decisión fue honesto. A veces aparecen curas que caen en esto.

Skorka: ¿Y cuál es su postura?

Bergoglio: Si uno de ellos viene y me dice que dejó embarazada a una mujer, lo escucho, procuro que tenga paz y poco a poco lo hago caer en la cuenta de que el derecho natural es anterior a su derecho como cura. Por lo tanto, tiene que dejar el ministerio y debe hacerse cargo de ese hijo, aunque decida no casarse con esa mujer. Porque así como ese niño tiene derecho a tener una madre, tiene derecho a tener el rostro de un padre. Me comprometo a arreglarle todos los papeles en Roma, pero debe dejar todo. Ahora, si un cura me dice que se entusiasmó, que tuvo alguna caída, lo ayudo a que se corrija. Hay curas que se corrigen y otros que no. Algunos, lamentablemente, ni se lo plantean al obispo.

Skorka: ¿Qué significa que se corrijan?

Bergoglio: Que hagan penitencia, que guarden su celibato. La doble vida no nos hace bien, no me gusta, significa sustanciar la falsedad. A veces les digo: "Si no lo podés sobrellevar, decidite".

Skorka: Me gustaría aclarar que una cosa es el cura que se enamoró de una chica y se confiesa, y otra muy distinta son los casos de pedofilia. Eso hay que cortarlo de cuajo, es muy grave. En tanto dos personas adultas tengan un amorío, que se amen, es otra cosa.

Bergoglio: Sí, pero que se corrijan. Que el celibato traiga como consecuencia la pedofilia está descartado. Más del setenta por ciento de los casos de pedofilia se da en el entorno familiar y vecinal: abuelos, tíos, padrastros, vecinos. El problema no está vinculado con el celibato. Si un cura es pedófilo, lo es antes de ser cura. Ahora, cuando eso ocurre, jamás hay que hacer la vista gorda. No se puede estar dentro de una posición de poder y destruirle la vida a otra persona. En la diócesis nunca me pasó, pero un obispo me llamó una vez por teléfono para preguntarme qué había que hacer en una situación así y le dije que le quitara las licencias, que no le permitiera ejercer más el sacerdocio, y que iniciara un juicio canónico en el tribunal correspondiente a esa diócesis. Para mí, ésa es la actitud a tomar, no creo en las posiciones que plantean sostener cierto espíritu corporativo para evitar dañar la imagen de la institución. Esa solución creo que se propuso alguna vez en los Estados Unidos: cambiar a los curas de parroquia. Eso es una estupidez porque, de esa manera, el cura se lleva el problema en la mochila. La reacción corporativa lleva a tal consecuencia, por eso no acuerdo con esas salidas. Recientemente, en Irlanda se destaparon casos que llevaban como veinte años, y el Papa actual dijo claramente: "Tolerancia cero con ese crimen". Admiro la valentía y la rectitud de Benedicto XVI en este asunto.

Skorka: En el judaísmo no existe una organización religiosa tan piramidal como en la Iglesia. Entonces, cada comunidad debe controlar a sus líderes religiosos. Hay un aforismo en la literatura talmúdica[25] que dice: "A todo hombre respétalo y sospéchalo". Cada hombre debe luchar contra sus pasiones, puede cometer errores, y las comunidades deben ejercer algún tipo de contralor respecto del otro. El rabino, a sus discípulos y, también, viceversa. Cuando se advierte que el rabino se ha comportado incorrectamente, dependiendo de la gravedad, debe ser removido de su puesto. En el Seminario Rabínico nos pasa lo mismo que usted señaló hace un rato en el sacerdocio, gente que quiere dedicarse al rabinato a partir de ciertas patologías. Por eso, también, para ingresar realizamos informes psicológicos confidenciales. Hay que tener mucho cuidado para no equivocarse con las personas a quien se les da el poder y a quienes se les permite ser líderes espirituales de una comunidad. En los años setenta, hubo una denuncia nada menos que contra el fundador del Seminario Rabínico y el Movimiento Conservador en la Argentina, Marshall Meyer.[26] Yo lo conocí cuando todavía estaba sufriendo por todo eso. Nadie puede dudar de que revolucionó espiri-

---

[25] Derej Eretz Raba 5.

[26] Marshall Meyer fue un rabino norteamericano que vivió veinticinco años en el país. Introdujo el movimiento judío conservador en la Argentina y, durante los años de la dictadura, se opuso fervientemente a la represión: visitó presos políticos en las cárceles, consiguió la liberación de algunos, ayudó a exiliarse a perseguidos por el régimen y denunció internacionalmente los crímenes de lesa humanidad. Integró la Asamblea Permanente por los Derechos Humanos, fundó el Movimiento Judío por los Derechos Humanos y fue nombrado por Raúl Alfonsín, ya en democracia, como miembro de la Comisión Nacional sobre la Desaparición de Personas. Recibió la condecoración de la Orden del Libertador San Martín, la máxima que el Estado otorga a personalidades extranjeras.

tualmente a la comunidad judía argentina y a la sociedad en general: se la jugó por instaurar los derechos humanos en el país en plena dictadura. Se comprometió, visitó a presos políticos en las cárceles, movió sus contactos y guió y contuvo a muchísimos padres y madres de desaparecidos. Luchó con empeño por el regreso de la democracia. En mi opinión, tuvo bien ganada la condecoración de la Orden del Libertador San Martín, la máxima que otorga la Argentina, con la que lo premió Alfonsín. Todo ello lo realizó con posterioridad a la denuncia que tuvo que afrontar. No puedo emitir opinión en relación con lo sucedido porque desconozco el tema. Pero la posibilidad de denunciar existió. Las investigaciones judiciales no revelaron ninguna incorrección de parte de Meyer. Asimismo, todo líder religioso no sólo debe obrar correctamente a los ojos de Dios, sino también a los ojos de los hombres. Debe moverse con sumo cuidado y evitar todo equívoco que pudiese despertar suspicacias.

7. SOBRE LA ORACIÓN

Skorka: La oración debe servir para unificar al pueblo: es un momento en el que todos decimos exactamente las mismas palabras. Más aún, para que la oración sea más fuerte, deben realizarla —según nuestra ley— por lo menos diez judíos. La oración también sirve como un acto identificatorio: rezamos con los mismos vocablos, de la misma manera, buscamos todos el mismo fin. Pero más allá de eso, la oración tiene que ser un acto de profunda introspección, donde cada uno debe hallarse a sí mismo y empezar a hablar con Dios. No es algo sencillo, porque en ese diálogo hay que tratar de discernir la voz propia frente a la de Él. Cuando alguien estudia profundamente la Biblia, lo hace para encontrar pautas que le permitan no confundirlas. En esencia, todo acto místico pretende un acercamiento a Dios, sentirlo de alguna manera, que es la condición básica de la oración. El verbo rezar en hebreo se dice *leitpalel*, que significa autojuzgarse. En todo momento que uno quiera acercarse a Dios, lo primero que tiene que hacer es encontrar sus propias falencias.

Bergoglio: Orar es un acto de libertad. Pero a veces aparece un intento de querer controlar a la oración, que es lo mismo que intentar controlar a Dios. Eso tiene que ver con una deformación, con un excesivo ritualismo o con tantas otras actitudes de control. La oración es hablar y escuchar. Existen momentos que son de profundo silencio, adorando, esperando a ver qué pasa. En el rezo convive ese silencio reverente junto a una especie de regateo, como cuando Abraham negocia con Dios por los castigos de Sodoma y Gomorra. Moisés también regatea pidiendo por su pueblo, quiere convencer al Señor de que no castigue a su pueblo. Ésa es una actitud de coraje que junto con la humildad y la adoración son imprescindibles para orar.

Skorka: Lo peor que puede ocurrir con respecto a Dios no es pelearse con él, sino serle indiferente. El hombre religioso, aun en las peores circunstancias, va a continuar hablándole a Dios, como ocurrió con miles de personas que entraron en la cámara de gas en la que iban a morir gritando: "Oye Israel, el Eterno nuestro Dios, el Señor es uno", que es nuestra proclama de fe. Pese a todo, seguían creyendo en Él. En nuestro ritual de oraciones para el Día del Perdón, incluimos un relato[27] acerca de un escrito que se encontró entre las ruinas del gueto de Varsovia, donde el autor cuenta que murieron su mujer y sus hijos y él es el único sobreviviente de su familia. Se dirige a Dios con mucho dolor y en uno de los párrafos le dice que por más que lo ponga a prueba de esa manera, va a seguir creyendo en él. Ésa es la verdadera fe.

Bergoglio: La indiferencia tiene varias modalidades. Cuando los actos litúrgicos se van deslizando hacia eventos

---

[27] Ese relato fue escrito después de la Segunda Guerra Mundial por Zvi Kolitz, seguramente inspirado en la conducta de miles de judíos durante la Shoá. Aparece publicado en *Iosl Rakover habla a Dios*, Buenos Aires, Fondo de Cultura Económica, 1998.

sociales, pierden la fuerza. Un ejemplo es la celebración del matrimonio, que en algún caso uno se pregunta qué hay de religioso en esa ceremonia, porque el ministro da una prédica de valores, pero mucha gente anda en otra sintonía. Se casan porque quieren la bendición de Dios, pero ese deseo parece tan escondido que no se hace visible. En algunas iglesias —y no sé cómo ponerle remedio, sinceramente—, en los casamientos aparece una competencia feroz entre las madrinas y la novia, por ejemplo en el vestido (o en el desvestido). Esas señoras no realizan ningún acto religioso, van a lucirse. Y a mí eso me pesa en la conciencia, como pastor estoy permitiéndolo y no encuentro cómo ponerle coto. Pongo el ejemplo de los casamientos porque es donde más se nota.

Skorka: Esto ocurre porque estamos viviendo en una sociedad del aquí y el ahora, muy secular. La única solución que yo le encuentro a estas situaciones es reunir a los padres y a las parejas y explicarles el valor de la ceremonia, voy preparando el terreno. Les digo que no se olviden de que van a entrar en un templo, que no estamos poniendo normas de recato, pero que recuerden que siempre están a tiempo de ponerse un tul o una chalina. En ese encuentro trato de dignificar el casamiento, de resaltar cuáles son los desafíos de la pareja, de construir un hogar, de traer hijos al mundo. Lo mismo hago en la prédica, sé que es mi oportunidad para que ese momento no se transforme sólo en un desfile de modelos o de cuestiones superficiales.

Bergoglio: Nosotros, siguiendo con el ejemplo del matrimonio, también realizamos esta preparación. Tomamos la realidad —porque algunos ya están conviviendo, otros llevan poco tiempo de noviazgo—, y el cura dialoga con ellos tratando de resaltar los valores religiosos. Hay iglesias donde esta preparación se hace muy bien, en otras son más formales. Lo mismo pasa con las primeras comuniones. Por ejemplo, las chicas ya no usan traje de primera comunión, sino una túnica blanca igual a todas. Eso de los vestidos desapareció. Cuando uno quiere controlar la oración, cuando uno es indiferente a la relación con Dios, termina dando importancia a lo mundano. Usted hizo referencia a esta cultura, cuando habló de lo secular. Yo creo que lo mundano es narcisista, es consumista, es hedonista. El espíritu de la celebración litúrgica tiene que tener otro tono, más vinculado con lo espiritual, el encuentro con Dios.

Skorka: En el judaísmo no hay una división entre lo espiritualmente puro y lo meramente material. Como tampoco hay una separación entre lo corporal y lo espiritual. El hombre es una unidad. Todo lo que hacemos con el cuerpo tiene que ser una expresión de un sentimiento profundo. En lo referente al dinero, no es en sí mismo algo malo; depende de aquello que nosotros hagamos con él. Es un medio. Cuando se transforma en un fin en sí mismo y lo único que importa es querer tener más y más, se transforma en un mal. Las comunidades religiosas también precisan el dinero para poder subsistir y llevar adelante sus actividades. Pero ante esa necesidad, tienen que tener sumo cuidado, administrarse con la seriedad de una empresa o una ONG, porque si no se van a hundir. Aun en las sinagogas más sencillas, los feligreses en las Altas Fiestas pagan por sus asientos, reservan sus ubicaciones. También donan dinero aquellos que suben al atrio a leer la Torá y los libros de los profetas: pagan por tener el honor de honrar a Dios con la lectura. También algunos pagan para que otro tenga el honor de hacerlo, para que pueda honrar a Dios el desposeído. Antiguamente, cuando se quería honrar a Dios, los fieles también tenían que tomar una posesión suya y ofrendársela. Una de las tantas maneras de honrarlo era solventando las necesidades materiales para que pudieran desarrollarse las cuestiones espirituales. Uno de los momentos en que se obtiene una mayor donación es antes de comenzar el Día del Perdón. Se convoca a personas pudientes —siempre y cuando sea gente correcta— y se les da el honor de tener la Torá. Pero no todos los que llamamos son fieles bien posicionados en lo económico, también invitamos a quien merece ser especialmente honrado por su integridad de proceder. Es necesario mantener un equilibrio porque aquel que apoya la manutención de una institución, dando de sus posesiones, también merece ser valorado. Cada uno busca un reconocimiento, uno por lo que hace durante el año, por su presencia; otro por su ayuda al prójimo, y otro por lo que aporta materialmente. No todo lo que es dinero es malo, depende de cómo se lo utilice.

Bergoglio: Es interesante cómo llegamos al tema de la indiferencia y el dinero, a partir de la oración. En la tradición católica, eso de los sitios reservados ya no corre más. Sí tenemos la limosna para una misa, que sirve para el sostenimiento del culto. Resulta ideal que esos recursos, necesarios, provengan de los fieles y no de otro lado. A veces alguien puede cosificar este uso del dinero y se le da un poder mágico, se piensa que gracias a la donación se logra no sé qué. Pero no se trata de una compra sino de una ofrenda que va en la línea que usted mencionaba. A mí me pone muy mal cuando hay "listas de precios" para algunas ceremonias religiosas. Hace dos años, una parroquia de Buenos Aires tenía arancelados los bautismos, según el día. O, a veces, una pareja se quiere casar, la atiende una secretaria parroquial y le pasa la "lista de precios": con alfombra cuesta tanto, sin alfombra tanto, etcétera. Eso es hacer un comercio del culto. Somos nosotros los que damos lugar a esta mundanidad. En el Evangelio, Jesús formula una reflexión muy interesante. Estaba mirando junto con los apóstoles la alcancía del templo, cómo los fieles ponían las limosnas. Los pudientes ponían bastante dinero y, de pronto, llegó una viuda y puso una monedita chiquita. Entonces, Jesús dijo a los discípulos: "Esta mujer puso más que todos los demás". Porque los demás pusieron lo que les sobraba, pero ella, todo lo que tenía para vivir. Ésa es la verdadera limosna. No es lo que sobra, tiene que implicar una privación. Cuando vienen a confesarse, les pregunto a las personas si dan limosna. En general me dicen que sí, entonces les pregunto si miran a los ojos a las personas que la reciben. La respuesta más habitual es "no sé". Sigo interrogando: ¿Y le tocan la mano al que le ofrecen limosna, al mendigo de la calle? Ahí se ponen colorados, no responden. La limosna es un acto de profunda generosidad humana cuando se hace para el prójimo, ése es el sentido de la limosna. Nunca es una compra.

Skorka: Una de las críticas más fuertes que hacen los profetas es que el pueblo reza pero no hace actos de justicia. No se puede hacer una cosa sin la otra, es imprescindible ayudar al prójimo, dar pan al hambriento, vestir al desnudo. Alguien que tiene las manos manchadas de sangre no puede pararse y hablarle a Dios; lo mismo ocurre con alguien que robó o que estafó. Deberíamos trabajar para una realidad en la que nadie tenga que extender la mano para pedir limosna, ése es el real desafío. Toda sociedad en la cual esto existe, evidentemente está enferma. Por cierto, también orar es mirar a los ojos, tocar las manos para saber que quien sufre también es tu hermano, y saber que el desafío consiste en que no haya menesterosos.

Bergoglio: El acto de justicia que se concreta con la ayuda al prójimo es oración. Si no, se cae en el pecado de la hipocresía, que es como una esquizofrenia del alma. Uno puede padecer estos rasgos disfuncionales si no tiene en cuenta que el Señor está en mi hermano y que mi hermano está pasando hambre. Si una persona no cuida a su hermano, no puede hablar con el padre de su hermano, con Dios. Nuestra tradición común siempre lo tuvo en cuenta. Y otra cosa que me gustaría mencionar es el valor de la contrición en la oración: pedirle a Dios que tenga piedad en mí porque soy un pecador. Jesús cuenta una parábola donde hay un hombre rico que está rezando en el templo y le da gracias al Señor porque no es como los demás hombres, cumple con toda la ley y hace lo que le pide. Detrás, hay otra persona, encargada de cobrar impuestos para dárselos a los romanos, que está tirada en el piso, sin animarse a levantar la cabeza, que pide piedad porque es un pecador. El primero salió tal cual entró, pero el segundo salió justificado. Eso es la contrición, ponerse ante la presencia de Dios, reconocer las macanas, los pecados, humillarse ante Él. Por eso el soberbio no es capaz de rezar, el suficiente no puede orar.

Skorka: Aquel que pecó puede volver a Dios. Se le debe abrir una puerta a quien quiera retornar al Señor. Por otra parte, bueno sería para la humanidad si aquellos que infligieron la muerte a muchos, ya sea en nombre de una ideología o, lo que es peor aún, en nombre de Dios, realizaran un sincero acto de contrición. Las acciones de estos nefastos líderes se generaron en su abyecto hedonismo religioso, se sintieron por encima del Creador. Consideraban sus órdenes un mandato irrevocable que debía cumplirse indefectiblemente. De esa forma, lo que están honrando no es a Dios sino a intereses muy bastardos. Esos errores no pueden volver a cometerse. Hay que aprender que lo religioso es la manifestación más sublime de lo humano, pero sólo cuando es puro. Todo lo demás, distorsiona; se utiliza para crear realidades hedonistas en las que se idolatra al hombre, al ego. La Biblia es un relato de sencillez, de humildad, en el que el hombre lucha con sus pasiones. Allí vemos a un David que comete errores y los acepta, vemos a Abraham en su grandeza y en su bajeza, lo vemos en sus luchas íntimas, en su grandeza y en las debilidades de su condición humana. Pero después, muchas veces se luchó por las instituciones y en su defensa se mató en nombre de Dios. Asesinaban, en última instancia, por la institución, por un poder, por un imperio. Así es como se llegó a la devaluación de lo religioso cuando, en realidad, lo que se devaluó fue la institución religiosa a causa de distintos errores que se cometieron, no de la búsqueda sincera de Dios.

Bergoglio: En su momento, David fue adúltero y asesino intelectual y, sin embargo, lo veneramos como un santo porque tuvo el coraje de decir "he pecado". Se humilló ante Dios. Uno puede hacer un desastre, pero también puede reconocerlo, cambiar de vida y reparar lo que hizo. Es verdad que entre la feligresía hay gente que no sólo ha matado intelectual o físicamente, sino que ha matado indirectamente por el mal uso de los capitales, pagando sueldos injustos. Por ahí forma parte de sociedades de beneficencia, pero no les paga a sus empleados lo que les corresponde o los contrata "en negro". Ésa es la hipocresía, la esquizofrenia a la cual yo me refería. A algunos les conocemos el currículum, sabemos que se hacen los católicos pero tienen estas actitudes indecentes de las que no se arrepienten. Por esa razón, en ciertas situaciones no doy la comunión, me quedo detrás y la dan los ayudantes, porque no quiero que estas personas se acerquen a mí para la foto. Uno podría negarle la comunión a un pecador público que no se arrepintió, pero es muy difícil comprobar esas cosas. Recibir la comunión significa recibir el cuerpo del Señor, con la conciencia de que conformamos una comunidad. Pero si un hombre, más que unir al pueblo de Dios, sesgó la vida de muchísimas personas, no puede comulgar: sería una contradicción total. Esos casos de hipocresía espiritual se dan en mucha gente que se cobija en la Iglesia y no vive según la justicia que pregona Dios. Tampoco demuestran arrepentimiento. Es lo que vulgarmente decimos que llevan doble vida.

8. SOBRE LA CULPA

Bergoglio: La culpa puede ser entendida en dos acepciones: como trasgresión y como sentimiento psicológico. Esta última no es religiosa; más aún, me atrevería a decir que incluso puede suplir un sentimiento religioso, algo así como la voz interior que señala que me equivoqué, que obré mal. Hay personas que son culpógenas porque necesitan vivir en culpa; ese sentimiento psicológico es enfermizo. Después, avenirse a la misericordia de Dios parece mucho más fácil en este sentimiento de culpa, porque me voy a confesar y listo: el Señor ya me perdonó. Pero no es tan fácil, porque simplemente fue a que le quitaran la mancha. Y la trasgresión es algo más serio que una mera mancha. Hay gente que juega con esto de la culpa y entonces el encuentro con la misericordia de Dios lo transforman en ir a una tintorería, en sólo limpiarse la mancha. Y así van degradando las cosas.

Skorka: Coincido totalmente. Una cosa es lo anecdótico —los consejos a nivel popular, la imagen de la madre judía culpógena—, pero eso no tiene nada que ver con la esencia de la concepción judeocristiana de la culpa, porque cuando alguien comete una trasgresión existe una posibilidad de redimirse. Uno tiene que cambiar su persona para no volver a cometer esa trasgresión. No alcanza con decir: "Me equivoqué", y se acabó la historia. Por supuesto que ayuda decir una oración, realizar una donación como un acto de caridad profundo, pero siempre y cuando sean manifestaciones de una elaboración sincera. Cuando se habla de que las religiones juegan con la transmisión de la culpa judeocristiana es una incomprensión mayúscula, ya que en esta concepción el cometer una trasgresión no es el fin del mundo. Cada uno puede equivocarse, pero hay que repararlo, arreglarlo. Y, sobre todo, no volverlo a cometer.

Bergoglio: La sola culpa pertenece al mundo de lo idolátrico. Es un recurso humano más. La culpa, sin reparación, no me deja crecer.

Skorka: No creo que la culpa sea exclusivamente un sentimiento religioso. Es una cuestión cultural. También se trasmiten sentimientos culpógenos en el momento en que se dice: "No hagas tal o cual cosa". Se crea en el niño una conciencia de lo correcto y de lo incorrecto, y de tal modo se genera en él la idea de la culpa, un concepto que conduce a la noción de castigo y a la de justicia. Nosotros adosamos que la justicia no se da solamente a nivel humano, sino que un día va a haber una rendición de cuentas delante de Dios. Después de todo, Él nos reveló los mandamientos: "No robarás", "no matarás". La idea de culpa tiene que existir para saber que, si alguien comete algo destructivo, alguna rendición de cuentas hay que dar.

Bergoglio: Antes era muy común recurrir al Cuco y al Hombre de la Bolsa. Hoy día le decís a un chico que viene el Cuco y se te muere de risa en la cara. En nuestra infancia se nos hablaba del Cuco. El temor solo es una exageración, un mal método de educación. En eso cayó mucho la corriente puritana del sistema. El problema es presentar la trasgresión como algo que te aparta de Dios. Tomo lo de San Agustín, hablando de la redención, del amor de Dios. Y al referirse al pecado de Adán y Eva, dice: "Feliz pecado". Le tomo la palabra. Como si Dios dijera: "Yo he permitido que algunos tengan una trasgresión, para que se les llene la cara de vergüenza". Porque ahí van a encontrar al Dios de la misericordia. Si no, son esos cristianos de buenos modales pero de malas costumbres en el corazón: los soberbios. A veces, la trasgresión nos hace humildes en la presencia del Señor y nos lleva a pedir perdón.

Skorka: Coincidimos otra vez. La trasgresión está para mostrarnos que no somos perfectos. Aun el que dice que quiere serlo, en algo se va a equivocar. Que trasgreda para que se dé cuenta de que no es autosuficiente, que tenga una frustración por más exacto y correcto que sea. La autosuficiencia destruye mundos.

9. SOBRE EL FUNDAMENTALISMO

Skorka: El rabino y el sacerdote deben inducir, llevar, tratar de acercar al hombre a Dios, ser maestros. Rabino es sinónimo de maestro. ¿Cómo es en el catolicismo el rol del sacerdote?

Bergoglio: Es triple: maestro, conductor del pueblo de Dios y presidente de la asamblea litúrgica, donde tiene lugar la oración, la adoración.

Skorka: ¿El acercamiento del hombre a Dios es también como en el judaísmo? Nosotros decimos: "Yo te ayudo, te puedo enseñar aquello que dicen los libros, pero el clamor tiene que ser tuyo".

Bergoglio: La parte de enseñar también incluye esto. Uno no puede suplir nunca la decisión del otro. El sacerdote que se arroga ser exclusivamente directivista, como en los grupos fundamentalistas, anula y castra a las personas en la búsqueda de Dios. El sacerdote, en su rol de maestro, enseña, propone la verdad revelada y acompaña. Aunque tenga que presenciar fracasos, acompaña. El maestro que se arroga tomar las decisiones por el discípulo no es un buen sacerdote, es un buen dictador, un anulador de las personalidades religiosas de los otros.

Skorka: Esto es muy importante, porque existen círculos judíos donde hay líderes religiosos muy carismáticos, con mucho impacto, en los que si el maestro dice tal cosa no queda otra alternativa que cumplirla. Aunque esa cosa pertenezca a lo más íntimo de la persona. En un mundo en el que se vive una inseguridad tan terrible como la de estos días, donde todo cambia de un momento a otro, hay muchas personas que demandan algo de "verdad", afirmaciones sólidas en medio de una realidad líquida, aunque no fuesen más que meras superficialidades. Hay ciertas verdades respecto de Dios que sólo en la intimidad se pueden encontrar. Hallamos en el judaísmo, al igual que en otros credos, líderes que anulan la religiosidad que debe emanar de lo más íntimo de las personas, dictaminan sobre la vida del otro. ¿Qué pasa en el catolicismo?

Bergoglio: El maestro propone las verdades de Dios, señala cuál es el camino. Pero si es un verdadero maestro, deja a su discípulo andar y lo acompaña en su vida espiritual.

Skorka: ¿Y cuántos no verdaderos maestros hay? ¿Se multiplicaron últimamente?

Bergoglio: Sí, se multiplicaron unos pequeños grupúsculos restauracionistas; yo los llamo fundamentalistas. Como usted dijo, en este cúmulo de incertezas les dicen a los jóvenes: "Hacé así y así". Entonces un pibe o una chica de diecisiete o dieciocho años se entusiasman, le meten para adelante en directivas de rigidez y, en verdad, les hipotecan la vida y a los treinta, explotan. Porque no los prepararon para superar las mil y una crisis de la vida, incluso los mil y uno fallos que uno tiene, las mil y una injusticias que uno comete. No tienen elementos para conocer o entender lo que es la misericordia de Dios, por ejemplo. Ese tipo de religiosidad, bien rígida, se disfraza con doctrinas que pretenden dar justificaciones, pero en realidad privan de la libertad y no dejan crecer a la gente. En gran parte terminan en la doble vida.

Skorka: El fundamentalimo es una actitud: las cosas son de una manera y no se discuten, no pueden ser de otra. Tampoco hay que irse al otro extremo, de modo tal que las cosas puedan ser de cualquier manera. Hay que encontrar el camino medio. Como enseñaba Maimónides en la Edad Media, hay que encontrar el "camino de oro". No es una cuestión sólo religiosa, se da absolutamente en todos los órdenes, empezando por el político, donde se da mucho más que en el religioso. Lo que pasa es que en el religioso duele más. Cuando se mata en nombre de Dios, duele muchísimo más. El daño, en cierto modo, es mayor, ya que, amén del crimen perverso y la destrucción de la dimensión de la dignidad humana, se destruye la dimensión de la fe. Se deteriora, por así decirlo, su credibilidad entre las personas. Hablo de la fe en sentido muy amplio: fe en Dios y fe en la materialización de una realidad de paz y concordia entre la gente.

Bergoglio: En general, en las religiones se mira a los fundamentalistas como bichos raros. Por eso es muy importante la percepción del líder religioso sobre los grupos fundamentalistas de su comunidad. Algunos son ingenuos, no los pescan y caen en la trampa. Pero hay un instinto que nos hace decir: "Éste no es el camino que yo quiero". El mandato del Señor es: "Camina en mi presencia y sé irreprochable".[28] A uno, cuando camina, le pasa cualquier cosa, y eso Dios lo sabe comprender. Dentro del ser irreprochable está el arrepentimiento por los errores cometidos y la reasunción del Señor. El fundamentalista no puede tolerar una falla en sí mismo. Si se trata de una comunidad religiosa sana, se lo

---

[28] Génesis 17:1.

detecta enseguida. Se escucha: "Ése es un extremista, se le va la mano, hay que ser un poco más compresivo". El fundamentalismo no es lo que Dios quiere. Por ejemplo, cuando era chico, en mi familia había cierta tradición puritana, no era fundamentalista, pero estaba en esa línea. Si alguien cercano se divorciaba o se separaba, no se pisaba su casa; se creía poco menos que los protestantes iban todos al infierno, pero me acuerdo una vez que estaba con mi abuela, una gran mujer, y justo pasaron dos mujeres del Ejército de Salvación. Yo, que tenía cinco o seis años, le pregunté si eran monjas, porque iban con ese gorrito que usaban antes. Ella me contestó: "No, son protestantes, pero son buenas". Ésa fue la sapiencia de la verdadera religión. Eran mujeres buenas que hacían el bien. Esa experiencia contrastaba con la formación puritana que se recibía de otro lado.

Skorka: Hay un libro de un investigador francés muy conocido, Gilles Kepel, que se llama *La revancha de Dios*. Allí, el autor hace un repaso del fundamentalismo islámico, pero antes habla del fundamentalismo judío y cristiano. Hace un análisis político, coyuntural, de cómo en las distintas crisis —por ejemplo, la del petróleo en la década del setenta— aparece el fundamentalismo. Trata el fenómeno desde un punto de vista sociológico. A partir de la teoría de la psicología de masas le puede encontrar algún tipo de lógica y explicación al tema. En el judaísmo también tenemos el fenómeno del fundamentalismo. En este sentido, el asesinato de Itzjak Rabin,[29] por ejemplo, es el cuadro más doliente. Hay que honrar a Dios

---

[29] Itzjak Rabin fue dos veces Primer Ministro israelí. Recibió el Premio Nobel de la Paz en 1994 junto con el líder palestino Yasser Arafat, por las tratativas para la paz entre los dos pueblos que culminaron con el Acuerdo de Oslo. Fue asesinado mientras ejercía el cargo de Premier, en 1995, por un estudiante judío perteneciente a la derecha radical israelí.

a través de la libertad y honrando al otro. Dios dice que al prójimo lo tengo que respetar como a mí mismo. Cuando un judío reza todos los días, la oración empieza así: "Dios nuestro y Dios de nuestros padres, Dios de Abraham, Dios de Itzjak y Dios de Jacob..." ¿Por qué hay que repetir el vocablo Dios antes de cada patriarca? Porque cada uno se relacionó de manera diferente con Él. Nadie puede imponer una verdad sobre el otro, arbitrariamente. Se debe enseñar, inducir, y cada uno expresará esa verdad a su modo, a su sentir sincero, cosas que el fundamentalismo aborrece.

Bergoglio: Este tipo de fundamentalismo restauracionista también es opio, porque aleja del Dios vivo. El opio es un ídolo que te aliena, como cualquier ídolo. Reducen a Dios a un ser a quien vos podés manejar con las prescripciones: "Si hago esto me va a ir bien, si hago esto no me faltará nada". Es una forma de comprar el bienestar, la fortuna, la felicidad. Pero deja de ser el Dios vivo, el que te acompaña en el camino.

Skorka: El fundamentalismo también va más allá, trae aparejados la evaluación y el juicio sobre el otro. Como el otro no vive como yo creo que Dios dice que hay que vivir, entonces lo puedo matar. Ése es el extremo del fundamentalismo, el que conlleva el odio. Y, por supuesto, es verdad lo que usted dice, que es otra forma de opio, de enajenación. Cuánta gente que tiene fortunas va a los milagreros, a los místicos, a los cabalistas, pensando que si hace determinadas cosas le va a ir bien. Se me ocurre que en la Iglesia católica debe pasar lo mismo que en el judaísmo, donde hay algunas personas que donan muchísimo dinero a los rabinos para obras de bien, para escuelas, para huérfanos, para salvar chicos de la calle... pero la idea que subyace es que se lo da al rabino pensando que tiene un contacto con "el de arriba" y va a influir para que le vaya mejor en los negocios, como si Dios fuese enajenable. No sé qué pasa en el catolicismo...

Bergoglio: También existe, a veces, una tendencia en la dimensión religiosa de pagar la protección divina, comprar a Dios. O, mejor dicho, pretender coimearlo. Dios no entra en este tipo de relación. La oración de una persona en esa actitud es simplemente un soliloquio.

Skorka: Lo que pasa es que la coima es como el tango, se baila de a dos. Uno da y otro recibe. No es sólo un problema del fiel, sino también del sacerdote que participa de esto.

Bergoglio: Una vez, en la época del uno a uno, vinieron a verme dos funcionarios oficiales a la Vicaría de Flores, diciendo que tenían dinero para los barrios de emergencia. Se presentaron como muy católicos y después de un rato me ofrecieron 400.000 pesos para mejorar las villas de emergencia. Para algunas cosas soy muy ingenuo, pero para otras me funciona el *alertómetro*. Y esta vez me funcionó. Empecé a preguntarles cómo eran los proyectos, y ellos terminaron diciéndome que, de los 400.000 que firmaría como recibidos, sólo me darían la mitad. Tuve una salida elegante: como las vicarías zonales no tienen cuenta bancaria, y yo tampoco, les dije que tenían que hacer el depósito directamente en la curia, que sólo acepta donaciones por cheque o mostrando la boleta de depósito bancario. Los tipos desaparecieron. Si esas personas, sin pedir pista, aterrizaron con tal propuesta, presumo que es porque algún eclesiástico o religioso se prestó antes para esta operación.

Skorka: Es que a las instituciones, finalmente, las hacen los hombres...

10. SOBRE LA MUERTE

Bergoglio: Dios siempre da la vida. Te da la de acá y te da la del más allá. Es el Dios de la vida, no el de la muerte. En nuestra lectura teológica del mal, está la escena del pecado. El mal entró en el mundo por la astucia del Demonio, que —como ya dijimos— se puso envidioso porque Dios hizo al hombre como el ser más perfecto. Por eso el Demonio entró en el mundo. En nuestra fe, la muerte es una consecuencia de la libertad humana. Fuimos nosotros, por nuestros pecados, quienes optamos por la muerte, que entró en el mundo porque le dimos cabida a la desobediencia del plan de Dios. Entró el pecado, como soberbia ante los planes del Señor, y con él, la muerte.

Skorka: En el judaísmo hay toda una gama de explicaciones sobre la muerte. No tenemos el concepto de pecado original, pero interpretamos el cuadro de la siguiente forma: había dos árboles que estaban en el medio del Edén, uno era el árbol del conocimiento, del bien y del mal, y el otro, el árbol de la vida. En esencia eran árboles comunes. El árbol del conocimiento, del bien y del mal no era como se dice habitualmente un manzano sino más bien una higuera y, con sus hojas, Adán y Eva finalmente se hicieron vestimentas.[30] El mismo árbol que propició la trasgresión a los mandatos divinos, después les sirvió para cubrirse.[31] Esos árboles eran sencillos, recordaban lo que no se debe hacer y que el humano no es dueño de todo. Pero el hombre desafió a Dios. Hay un abanico de posibilidades interpretativas respecto de esa trasgresión, no hay una cuestión dogmática. Algo se perdió, pero no está del todo claro qué cosa es. Murió algo de espiritualidad en el hombre, pero la muerte ya estaba instalada porque es parte de la naturaleza. Creo que, desde el mismo momento en que Dios creó al hombre, determinó que iba a tener un tiempo de vida. Tal vez en la muerte haya también algo de bueno. Todo lo que Dios hizo, lo hizo para bien. La muerte no es un tema fácil. Paradójicamente, creo que es la gran pregunta de la vida. Sobre la base de la respuesta que demos, definiremos qué estamos haciendo en nuestro camino sobre la Tierra. Si pensamos que con la muerte termina absolutamente todo, que volvemos al polvo como dice el versículo,[32] nuestros actos no van a bregar en pos de algún tipo de trascendencia, sino que se van a centrar en el aquí y en el ahora, en una concepción hedonista de la vida, egocéntrica, egolátrica. Pero, en verdad, el hombre se asemeja al árbol, debe cumplir un ciclo, dar sus frutos y después permitir que nuevos ciclos se reinicien por medio de las semillas que él mismo planta. Lo que la vida nos muestra es que hay una trascendencia sobre la faz de la Tierra. El texto bíblico hace insinuaciones, no habla en forma directa sobre lo que acaece con el individuo después de la muerte. Pero sí pone un énfasis en la trascendencia: aquello

---

[30] Génesis 3:7.
[31] Sobre la base de Berajot 40, a.
[32] Génesis 3:19.

que hacés hoy va a proyectarse en tus hijos. En la literatura religiosa existen muchas historias de maldiciones que pasan de padres a hijos o de familia en familia. Por ejemplo, la de Eli, el sumo sacerdote que recibió y formó a Samuel. Como sus hijos no se comportaban correctamente y él no los reprendía, quedó una maldición sobre su familia, que pasa de generación en generación. Jeremías es el último del que tenemos noticias sobre quien recayó esa maldición. El profeta no se casó, no tuvo hijos, no hizo un hogar... Como él mismo dice, es un hombre de controversia y litigio,[33] aquel que profetizó sobre la destrucción de Jerusalén. Es todo llanto y dolor. Como la Biblia es un libro muy lacónico, en el judaísmo tenemos su interpretación oficial, en el Talmud; y ahí sí aparece el concepto —en forma muy enfática— del mundo venidero. También surge la idea de que hay un infierno y del Edén como un lugar celestial. ¿Cómo nace todo esto? Creo que es en el momento en que los sabios se preguntan por qué sufre el justo. ¿Dónde está entonces la justicia de Dios? ¿Por qué los sabios que querían enseñar la Torá fueron todos martirizados y despedazados por los romanos en los tiempos de Adriano? ¿Por qué Dios lo permitió? La respuesta es que hay otra vida y en ella se le paga a cada uno por lo que hizo sobre la faz de la Tierra. Esa otra vida es una cuestión intuitiva, de fe, que nace de experiencias religiosas muy profundas. Para aquellos que creemos que lo humano es excelso, incluso el agnóstico, la muerte no es meramente la disolución del yo, sino el desafío de dejar una heredad para nuestros hijos, nuestros alumnos y para todos los que están en derredor de nosotros. A diferencia de la herencia material, se trata de una cuestión vinculada con los valores, con lo espiritual.

---

[33] Jeremías 15:10.

Bergoglio: Quiero retomar lo de la heredad. Pensar que tenemos que dejar una herencia es una dimensión antropológica y religiosa, sumamente seria, que habla de dignidad. Es decirse a sí mismo: no me encierro en mí, no me acorralo en mi vida, lo mío va a trascender al menos a mis hijos, a quienes dejaré una herencia. Y aunque no tenga hijos, la heredad existe. Eso en la Biblia es muy fuerte. Es el ejemplo de la viña de Nabot,[34] el hijo la recibe y no la va a vender, sino que la conserva y también la va a transmitir a las futuras generaciones. El que vive sólo en el momento no se plantea el problema de la heredad, solamente importa la coyuntura, los años de vida que puede tener. La heredad, en cambio, se desarrolla en la peregrinación de la humanidad en el tiempo: el hombre recibe algo y tiene que dejar algo mejor. Cuando uno es joven no mira tanto el final, valora más el momento. Pero me acuerdo de dos versitos que me enseñó mi abuela: "Mira que te mira Dios, mira que te está mirando; mira que te has de morir y no sabes cuándo". Lo tenía debajo de un vidrio, en su mesita de luz, y cada vez que iba a su cama lo leía. Después de setenta años no me lo olvido. Hay otro versito que ella me contó que lo había leído en un cementerio de Italia: "Hombre tú que pasas, detén tu paso y piensa, de tus pasos, el último paso". Ella me inculcaba la conciencia de que todo termina, que todo hay que dejarlo bien. Para la vida cristiana, la muerte tiene que ser una compañía en el camino. En mi caso, por ejemplo, pienso todos los días que voy a morir. No me angustio por eso, porque el Señor y la vida me dieron preparación. Vi morir a mis antepasados y ahora me toca a mí. ¿Cuándo? No sé. En la tradición cristiana, en los días de Pascua, se lee un versículo en latín que dice

---

[34] Reyes, I,21.

admirablemente que la vida y la muerte se pelean cuerpo a cuerpo. Lo hacen en cada uno de nosotros y no se refiere sólo en términos biológicos, sino a la forma en que se vive y se muere. En los Evangelios aparece el tema del juicio final, y se hace de una manera vinculada con el amor. Jesús dice: A la derecha irán todos los que ayudaron al prójimo y a la izquierda, todos lo que no lo hicieron, porque lo que cada uno de ustedes hizo, me lo hizo a mí. Para los cristianos, el prójimo es la persona de Cristo.

Skorka: Me resultó interesante lo que dijo sobre la lucha interna entre la vida y la muerte. Me remite a las expresiones "pulsión de vida" y "pulsión de muerte" que, en esencia, no son un descubrimiento total de Freud. Aparecen en el Deuteronomio,[35] en unos versículos donde Moisés le dice al pueblo de Israel que Dios ha puesto como testigos a los cielos y a la Tierra, que la vida y la muerte han puesto delante de ellos la bendición y la maldición y habrán de elegir la vida. Esa tensión interna existe, hay gente que está muerta aun cuando su cuerpo esté con vida. Recuerdo que el dramaturgo Florencio Sánchez[36] hace decir a uno de sus personajes que todo hombre sin carácter es un muerto que camina. La muerte es un concepto muy profundo, hay suicidios espirituales y suicidios lentos, como el del fumador empedernido. Está el que corre picadas, que demuestra un desprecio por la vida del otro y de él mismo. Es un flirteo constante con la muerte. Hay que preguntarse qué hacemos con la muerte todos los días, con la angustia que genera. Elaboro la angustia de la muerte a través de mi fe, creo que cuando ocurra entraré en

---

[35] 30:19-20.
[36] En su obra *Los muertos*, el personaje Lisandro expresa ese sentimiento.

otras realidades de tipo espiritual. Nosotros creemos que hay otra vida después de la muerte. Hablar ahora acerca de los detalles de ese mundo venidero sería una arrogancia, apenas podemos vislumbrar algo.

Bergoglio: Generalmente se utiliza la palabra *creer* asimilándola al término opinión, pero aquí nosotros la usamos con otro significado, con el sentido de firmeza, de adhesión. Cuando digo "creo que hay algo más allá", en realidad estoy diciendo que estoy seguro. En el lenguaje teologal, creer es una certeza. Y la vida de allá se gesta acá, en la experiencia del encuentro con Dios, comienza en el estupor del encuentro. Moisés se encuentra con Dios a los ochenta años, ya había echado panza, cuidaba las ovejas de su suegro y, de golpe, una zarza que arde: el estupor. "He visto a Dios", dice. En otras partes de la Biblia, por ejemplo en el Libro de los Jueces,[37] aparece el miedo a morir después de haber visto a Dios. No es que verlo sea un castigo, sino que ya entró en la otra dimensión y sabe que va a partir para allá. Ésa es la interpretación más rica que encuentro en la Biblia sobre la otra vida. No se puede vivir en estado de estupor permanente, pero la memoria de ese momento no se olvida. Creemos que hay otra vida porque ya la empezamos a sentir acá. Pero no por un sentimiento meloso, sino por un estupor mediante el cual Dios se nos ha manifestado.

Skorka: Hay mucha gente que no se aferra a ese estupor que usted menciona —más bien, yo la definiría como agnóstica— y, sin embargo, toma a la muerte con naturalidad. Muchos suelen decir que no quisieran sufrir, que no quisieran tener grandes padecimientos a la hora de morir, pero no se angustian, dicen: "Que me toque cuando tenga que tocarme". Por eso,

---

[37] 13:22.

no creo en la teoría de que la creencia en un mundo venidero es una creación teológica para mitigar la angustia que provoca la idea de muerte. Esa angustia puede deberse a varias cosas, por ejemplo al miedo que cualquiera tiene ante lo desconocido. Aun habiendo un mundo venidero le tendremos miedo, porque no lo conocemos. Todo cambio en la vida implica un estado de angustia. Hay experiencias que se dan en la vida y que no pueden llegar a explicarse de manera simple o sencilla y nos transmiten un mensaje muy sutil. Recuerdo cuando estudiaba los libros de los profetas en mi adolescencia, sentía su vibrar, intuía sus diálogos con Dios. Tenía una sensibilidad especial, una tradición de familia, que provenía de gente que nunca conocí, que murió en la Shoá, gente muy fuerte espiritualmente, mucho más que mis padres y abuelos. ¿Por qué tuve esa sensibilidad? ¿Cómo es que eso queda escrito en los genes? Es algo que va más allá de mi consciente o de mi subconsciente. Significa que hay otras dimensiones, otra realidad.

Bergoglio: Si la creencia en el más allá fuera un mecanismo psicológico para evitar la angustia, no serviría; porque la angustia vendría igual. La muerte es un despojo, por eso se vive con angustia. Uno está aferrado y no se quiere ir, tiene miedo. Y no hay imaginación del más allá que te libre de eso. Hasta el más creyente siente que lo están despojando, que tiene que dejar parte de su existencia, su historia. Son sensaciones intransferibles. Tal vez, los que estuvieron en coma algo hayan percibido. En los Evangelios, el mismo Jesús, antes de la oración en el Monte de los Olivos, dice que su alma siente angustias de muerte. Tiene miedo de lo que va a venir, está escrito. Según los relatos evangélicos, muere recitando el salmo XXI: "Dios mío, Dios mío, por qué me has abandonado". De eso no se salva nadie. Yo confío en la misericordia de Dios, que sea benévolo. Digamos: no angustia con anestesia pero sí con capacidad de soportarla.

Skorka: Es muy angustiante saber que el tiempo es limitado, y más aún no saber dónde está el límite. Es muy terrible pensar que nuestra existencia es un absurdo de la naturaleza y nada más, que todo termina inexorablemente en la muerte. De esta forma, la vida no tendría sentido, ni los valores ni la justicia... Eso sería un pensamiento extremo. Quedan dos posibilidades: para aquel que no quiere abordar el tema de Dios, lo humano tiene un sentido intrínseco, el mensaje de bondad, de justicia, pasa de generación en generación, y para aquellos que sí tenemos fe en Dios, evidentemente creemos que una chispa de Él está en nosotros y que la muerte no es nada más que un cambio en una situación.

Bergoglio: Hace poco leía a un escritor del siglo II que concebía la Pascua como un camino en su totalidad. Y eso lo aplicaba a la vida. De alguna manera decía: "No pierdan de vista hacia dónde van y cuídense de no amenizar demasiado el camino, porque por ahí se entusiasman y se olvidan de la meta". Tenemos que hacernos cargo del camino, en él aparece toda nuestra creatividad, nuestro trabajo para transformar este mundo. Pero sin olvidarnos que estamos en el camino hacia una promesa. Caminar es una responsabilidad creativa para cumplir con el mandato de Dios: crezcan, reprodúzcanse y dominen la tierra. Los primeros cristianos unían la imagen de la muerte con la de la esperanza y usaban como símbolo el ancla. Entonces, la esperanza era el ancla que uno tenía clavada en la orilla y con la soga se iba agarrando para progresar sin desviarse. La salvación está en la esperanza, que se nos va a develar plenamente, pero mientras tanto estamos agarrados a la soga y haciendo lo que creemos que tenemos que hacer. San Pablo nos dice: "En esperanza estamos salvados".

Skorka: Tener la esperanza de algo —más allá de que la raíz del término sea "esperar"— no significa tener una actitud pasiva con respecto a la meta. También se puede tener una actitud activa. El pueblo judío vivió durante dos mil años con la esperanza de retornar a su tierra. Durante mucho tiempo esto se redujo a rezos a Dios. Pero, en un momento dado, muchos judíos dejaron Europa y se fueron a vivir a Israel. Ésa es la diferencia de la esperanza y el optimismo, que nunca es una meta sino una actitud con respecto a la vida.

Bergoglio: El optimismo es una cuestión más psicológica, una posición ante la vida. Hay gente que ve siempre el medio vaso lleno y otra, por el contrario, el medio vaso vacío. La esperanza tiene algo de pasivo sobre su base porque es un don de Dios. La virtud de la esperanza uno no la puede adquirir por sí mismo, se la tiene que dar el Señor. Otra cosa es cómo la utilice cada uno, cómo la administre, cómo la asuma… En nuestra concepción, la esperanza es una de las tres virtudes teologales, junto a la fe y a la caridad. Solemos darle más importancia a la fe y a la caridad. Sin embargo, la esperanza es la que te estructura todo el camino. El peligro es enamorarse del sendero y perder de vista a la meta, y otro peligro es el quietismo: estar mirando la meta y no hacer nada en el camino. El cristianismo tuvo épocas de fuertes movimientos quietistas, que iban en contra del mandato de Dios, que dice que hay que transformar la tierra, trabajar.

Skorka: Aquellos que están imbuidos de una profunda fe encaran la muerte de una manera distinta, con más sosiego. Me viene a la mente la imagen de un hombre, miembro de mi comunidad. Era un judío imbuido de fe. Un día me llamó su hija para preguntarme si podía ir a verlo porque su padre estaba muy mal, el médico le había dicho que tenía los días contados. Obviamente accedí. Pasé y pensé que lo iba a encontrar en un estado terminal. El hombre estaba en su plenitud de razonamiento, nunca hubiese previsto que iba a morir. Hablé con él como si fuera una persona que no tuviese ninguna enfermedad. Pero como la hija me había dicho que era un estado terminal, fui muy cuidadoso. Me despedí de una manera especial. En hebreo le dije "quédate con paz". Él me extendió la mano y me dijo: "Bueno, querido rabino, ya nos vamos a ver en el mundo venidero". Este hombre tenía una paz total, una fe enorme. Se despidió de la vida, con vida. Dos días después falleció.

Bergoglio: Pero la angustia existe. Es el momento de desprendimiento, de separación. Cuando uno se va acercando, la siente. El desprendimiento no es fácil, pero yo creo que está Dios tomado de la mano cuando uno está a punto de pegar el salto. Hay que abandonarse en las manos del Señor, uno solo no puede sobrellevarlo.

Skorka: El hombre joven al que le toca enfrentarse con la muerte piensa en todo lo que no hizo en la vida. Con angustia se pregunta: ¿todavía no hice esto? Hay muchos sueños que quedan por delante. ¿Cómo seré como profesional? ¿Y como padre? Con el tiempo, una vez que uno va pasando las etapas de la existencia, ya encara a la muerte como una cosa distinta, siempre angustiante, pero distinta. En la mística judía se habla del alma, que sigue estando en el lugar del fallecimiento, que no se va inmediatamente a las alturas. Eso habla de la angustia en el acto mismo de la muerte, de la dificultad del desprendimiento. Hay gente que un minuto antes se entrega con cierta paz: baja los niveles de angustia en la idea de que se está entregando. No es que se terminó la historia, se está entregando a Alguien.

11. SOBRE LA EUTANASIA

Skorka: A la medicina hay que apoyarla para que mejore las condiciones de vida del hombre, sin lugar a dudas. ¡Pero cuidado! De ahí a un encarnizamiento terapéutico, de ninguna manera. Alargar artificiosamente la vida, llenando de angustia a las familias que ven a su ser querido desahuciado, intubado por los cuatro costados por el mero hecho de que siga habiendo una actividad cardiorrespiratoria, no tiene el más mínimo sentido. Alargar la vida sí, pero en condiciones de vida plena.

Bergoglio: Nuestra moral también dice que hay que hacer lo necesario, lo ordinario, en los casos en que ya está marcado el final. Se debe asegurar la calidad de vida. La fuerza de la medicina, en los casos terminales, no radica tanto en hacer que alguien viva tres días más o dos meses más, sino en que el organismo sufra lo menos posible. Uno no está obligado a conservar la vida con métodos extraordinarios. Eso puede ir en contra de la dignidad de la persona. Distinta es la eutanasia activa; eso es matar. Creo que ahora hay una eutanasia encubierta: las obras sociales pagan hasta un determinado tratamiento y después dicen "que Dios te ayude". El anciano no es cuidado como se debe, sino que es material de descarte. A veces el paciente está privado de medicina y cuidados ordinarios, y eso lo va matando.

Skorka: Coincidimos claramente en que no se puede ir en contra de la dignidad humana. La cuestión de la eutanasia es un tema muy difícil porque realmente hay gente que está viviendo en situaciones horrorosas y que pide de alguna manera que su vida sea acortada. Lo que se desprende de la eutanasia activa es que somos los dueños absolutos de nuestro propio cuerpo y de nuestra existencia; por esa misma razón, no la aceptamos. Porque creemos que el dueño de nuestra existencia, si bien nos dio libre albedrío, sigue siendo Dios. En el momento en que alguien se suicida, está diciendo que todo su ser le pertenece, que es él mismo quien decide sobre su vida y su muerte. Es una negación muy grande a Dios.

Bergoglio: Hubo un momento en que no se le hacían funerales al suicida, porque no seguía andando hacia la meta, le ponía fin al camino cuando quería. Pero respeto al suicida, es una persona que no pudo sobreponerse a las contradicciones. No lo rechazo. Lo dejo en manos de la misericordia de Dios.

Skorka: Hay dos posturas en el judaísmo en cuanto al suicida. La primera señala que al suicida se lo entierra en un lugar especial y no se dicen ciertas oraciones por su memoria. Pero la otra dice que aquellos que cometen un suicidio, en el último segundo, cuando ya se han tirado del puente, tal vez se arrepientan de lo que estaban haciendo. Se los debe juzgar como quien comete un acto —en última instancia— involuntario, por lo cual no se lo castiga. Por otra parte, es una acción que se contagia; por ello —también— es que se lo condena. Cada vez que tuve que encarar un suicidio, mi explicación a los familiares era que estaba enfermo, que se obnubiló, que no tenía la más pálida idea de lo que estaba haciendo. Es el efecto más grave de la depresión, como consecuencia de un desequilibrio molecular en la mente, en el cuerpo. Siente que tiene que irse de la vida, no puede seguir viviendo; trato de rescatar su imagen y memoria en aquellos que desgarradoramente se inquieren: ¿acaso no signifiqué nada en su vida, que decidió abandonarme por siempre?

Bergoglio: Me gusta la interpretación de la enfermedad. Llega un momento en que uno no puede ser dueño de todas las decisiones. Prefiero interpretar el suicidio así, y no como un acto de soberbia. Pero quisiera volver a la eutanasia: estoy convencido de que en este momento hay eutanasia encubierta. Al enfermo hay que darle lo ordinariamente necesario para que viva mientras haya esperanza de vida. Pero en un caso terminal, no es obligatorio lo extraordinario. Es más, aunque haya esperanza de vida, los medios extraordinarios no son obligatorios, por ejemplo intubar a alguien sólo para prolongarle unos días más la vida.

Skorka: En términos talmúdicos diría que utilizar métodos extraordinarios es no dejar que alguien muera. Si puede seguir viviendo, adelante. Pero si sabemos que el paciente no tiene actividad cerebral, y se sigue el protocolo estricto para determinar que sus signos cerebrales vitales son inexistentes, lentamente se deben ir apagando los aparatos, con mucho cuidado. Estoy totalmente en contra del encarnizamiento terapéutico. Los códigos que compendian la jurisprudencia hebrea, la Halajá, dicen que está permitido quitar todo aquel elemento que pudiese llegar a retener la vida cuando una persona está desfalleciendo. Es decir, si hay una almohada que impide que el hombre muera, sáquensela; si tiene sal bajo la lengua, quítensela. Una cosa es una eutanasia activa, y otra cosa totalmente distinta es un encarnizamiento terapéutico. Cuando no hay nada que hacer, no corresponde seguir dando drogas para mantener artificiosamente la vida.

Respeto muchísimo cuando alguien me dice que si se puede hacer algo por mantener una vitalidad plena, que se haga todo. Pero si se sabe con seguridad que no existen posibilidades de sobrevivir, hay que dejar al paciente vivir en paz el tiempo que le resta. Estamos hablando de un estado avanzado de la enfermedad, cuando todos los médicos dicen que es terminal. No tiene sentido realizar una transfusión para prolongarle veinticuatro horas la vida a quien está desfalleciendo, tampoco sostenerlo con un respirador, si ya no hay vuelta atrás. Si una persona está sufriendo, hay que darle un calmante, drogas que lo lleven a un estado de relajación, pero nada más que eso. Mantener en estado de agonía al paciente no es honrar la vida.

Bergoglio: En la moral católica, nadie está obligado a usar un medio extraordinario para curarse. Se trata de no retener una vida que uno sabe que ya no es vida. Mientras haya posibilidad de revertir la enfermedad, se hace todo lo que se puede; pero los métodos extraordinarios conviene usarlos sólo si hay esperanza de recuperación.

12. SOBRE LOS ANCIANOS

Skorka: La ancianidad nunca fue fácil. Parto del cuadro bíblico de Jacob, cuando está delante del Faraón y le dice que sus años son ciento treinta, pocos y malos.[38] La ancianidad es un momento difícil porque en vez de mirar para adelante se empieza a mirar para atrás. Al mismo tiempo puede ser un momento muy lindo si realmente se vivió de manera intensa, profunda, porque entonces se habrá logrado comprender el sentido de la vida. Pero hoy la ancianidad es un tema preocupante, porque para la cultura actual los viejos son material de descarte. La vida moderna, en vez de permitirle al hombre que tenga un poco más de sosiego, le exige que corra más y más. No es sólo una cuestión de bienes materiales, se imponen como obligaciones hacer gimnasia, viajar y otras rutinas determinadas. No queda tiempo para ocuparse de los viejos. Desde el punto de vista de nuestra sensibilidad, es importante cuando vemos cómo los ancianos viven en su soledad; sea porque sus amigos ya no están o porque, por el

---

[38] Génesis 47:9.

abismo cultural que hay entre ellos y sus hijos, no pueden construir un diálogo. Un anciano no es una cosa, es un ser humano por defender. Cuántas casas de ancianos hay en la ciudad de Buenos Aires y cuando uno entra se pregunta: ¿Éstas son condiciones dignas? Hoy el anciano es dejado de lado. Hay un versículo bíblico: "Delante de aquel que luce canas, has de levantarte y honrarás la faz del anciano".[39] La vida es una lucha y es muy duro cuando aquellos que lucharon con dignidad llegan a sus últimos años y están en la más espantosa soledad. A veces, los lugares que los albergan están diez puntos desde el punto de vista médico, pero desde lo espiritual dejan mucho que desear... Un anciano necesita amor, afecto, diálogo.

Bergoglio: Quisiera rescatar lo que dijo del descarte. En nuestra sociedad, antes podíamos hablar de opresores y oprimidos. Con el tiempo advertimos que esa categorización no nos alcanzaba, había que añadirle otra más, la de incluidos y excluidos. Hoy día la cosa se ha puesto mucho más salvaje y tenemos que añadir otra antinomia más: los que entran y los que sobran. En esta civilización consumista, hedonista, narcisista, nos estamos acostumbrando a que hay personas que son de desecho. Y entre ellas tienen un lugar muy importante los ancianos. Los padres trabajan, y hay que recurrir a un geriátrico para cuidar al abuelo. Pero muchas veces no se trata de ocupaciones laborales, sino de mero egoísmo: los viejos molestan en la casa, traen feo olor. Se termina guardándolos en el geriátrico como se coloca en el placard un sobretodo en el verano. Hay familias a las que no les queda otra, pero todos los fines de semana visitan a los abuelos o los llevan a sus propias casas, los mantienen entre los seres

---

[39] Levítico 19:32.

queridos. Eso no es descarte, al contrario: asumieron una realidad muy costosa. Pero en muchos casos, cuando visito los geriátricos, les pregunto a los viejos por sus hijos y me contestan que no van a verlos porque tienen que trabajar, tratan de taparlos. Son muchos los que abandonan a quien les dio de comer, a quien los educó, a quien les limpió el traste. Me duele, me hace llorar por dentro. Y no hablemos de lo que llamo la eutanasia encubierta: la mala atención de los ancianos en los hospitales y en las obras sociales, que no les dan los medicamentos y la atención que necesitan. El anciano es el transmisor de la historia, el que nos trae los recuerdos, la memoria del pueblo, de nuestra patria, de la familia, de una cultura, de una religión... Ha vivido mucho y, aunque lo haya hecho como un cretino, merece una consideración seria. Siempre me llamó la atención que el cuarto mandamiento sea el único que lleva pegada una promesa: "Honra a tu padre y a tu madre y tendrás larga vida sobre la tierra". En la medida que vos la recibiste con honra, Dios te va a bendecir con una vejez. Esto indica la mentalidad de Dios frente a la vejez. Dios debe de querer mucho a la ancianidad porque se desborda en bendiciones a quien es piadoso con sus padres. Con setenta y cuatro años estoy por empezar la ancianidad, no lo resisto. Me preparo y quisiera ser vino añejo, no vino picado. La amargura del anciano es peor que cualquier otra, porque es sin vuelta. El anciano está llamado a la paz, a la tranquilidad. Pido esa gracia para mí.

Skorka: Como usted dijo, para cada momento de la vida hay que prepararse, incluso para la ancianidad. Muchas veces convivir con el anciano es muy difícil desde el punto de vista espiritual porque algunos no se prepararon para esta etapa y dejan aflorar frustraciones y cegueras que tuvieron en sus vidas. Cuando uno es chico, tiene un padre y una madre que establecen un ejemplo, que tratan de brindar una educación, un paradigma de vida. Llegado cierto momento es necesario darse cuenta de que ese papá y esa mamá evolucionaron. Es hermoso tener padres que saben ser inteligentes en su vejez, es hermosísimo porque se puede mantener el diálogo. A mi padre lo recuerdo como un ser mucho más inteligente en su vejez que en el resto de su vida. La manera en que se despidió de la vida fue para mí una lección de dignidad, pero no siempre ocurre eso. A veces se produce una involución, y el gran desafío es, para toda la sociedad, saber manejar esa situación para poder sostener una relación cariñosa, con presencia. Si honrar a los padres fuera algo fácil, no sería un mandamiento divino. En nuestra sociedad, donde emerge el concepto del descarte, se produce el abandono o la rendición de las personas mayores. Cuando digo rendición me refiero a aquellos que abandonan la vida: a través de la eutanasia, o del propio abandono.

Bergoglio: Siempre me impresionó el capítulo 26 del Deuteronomio, me hizo muy bien al alma en el tramo que dice: "Cuando llegues a la tierra que Dios les dará a tus padres y habites casas que no edificaste y comas frutos de árboles que no plantaste...", y continúa diciendo muchas cosas que uno no hizo y sin embargo posee. Mirar a un anciano es reconocer que ese hombre hizo su camino de vida hacia mí. Hay todo un designio de Dios caminando con esta persona que empezó con sus antepasados y sigue con sus hijos. Cuando creemos que la historia empieza con nosotros, empezamos a no honrar al anciano. Con frecuencia, cuando estoy medio deprimido, uno de los textos a los que recurro es a este capítulo del Deuteronomio, para ver que soy un eslabón más, que hay que honrar a los que nos precedieron y dejarse honrar por los que van a seguir, a quienes hay que transmitirles la herencia. Ésa es una de las acciones más fuertes de la ancianidad. El viejo sabe, consciente o inconscientemente, que tiene que dejar un testamento de vida. No lo explicita, pero lo vive así. Tuve la suerte de conocer a mis cuatro abuelos; cuando murió el primero, tenía dieciséis años. Todos me han dado algo y a todos los recuerdo bien y diferentes. La sabiduría del anciano me ha hecho mucho bien y es por eso que, por ahí, tiendo a venerarlo.

13. SOBRE LA MUJER

Bergoglio: En el catolicismo, por ejemplo, muchas mujeres conducen una liturgia de la palabra, pero no pueden ejercer el sacerdocio porque en el cristianismo el sumo sacerdote es Jesús, un varón. Y la tradición fundamentada teológicamente es que lo sacerdotal pasa por el hombre. La mujer tiene otra función en el cristianismo, reflejada en la figura de María. Es la que acoge a la sociedad, la que contiene, la madre de la comunidad. La mujer tiene el don de la maternidad, de la ternura; si todas esas riquezas no se integran, una comunidad religiosa no sólo se transforma en una sociedad machista sino también en una austera, dura y mal sacralizada. El hecho de que la mujer no pueda ejercer el sacerdocio no significa que sea menos que el varón. Más aún, en nuestra concepción la Virgen María es superior a los apóstoles. Según un monje del segundo siglo, hay tres dimensiones femeninas entre los cristianos: María, como madre del Señor, la Iglesia y el Alma. La presencia femenina en la Iglesia no se ha destacado mucho, porque la tentación del machismo no dejó lugar para visibilizar el lugar que les toca a las mujeres de la comunidad.

Skorka: El cristianismo toma la función sacerdotal de la Biblia hebraica. En ella, el sacerdocio pasa de manera patrilineal. Pero la condición judía de las personas pasa de manera matrilineal: si la mamá es judía, el hijo es judío. En nuestro credo, el sacerdocio también era ejercido por el hombre. Pero hoy en día, nosotros tenemos maestros,[40] no sacerdotes. Por lo tanto, una mujer que tiene conocimiento de la Torá puede enseñar y responder preguntas sobre cómo se debe obrar de acuerdo con la ley judía.

Bergoglio: Los católicos, cuando hablamos de la Iglesia, lo hacemos en femenino. Cristo se desposa con la Iglesia, una mujer. El lugar donde se reciben más ataques, donde más se golpea, es siempre el más importante. El enemigo de la naturaleza humana —Satanás— pega donde hay más salvación, más transmisión de vida, y la mujer —como sitio existencial— resultó la más golpeada de la historia. Ha sido objeto de uso, de lucro, de esclavitud, fue relegada a un segundo plano. Pero en las Escrituras tenemos casos de mujeres heroicas que nos transmiten lo que Dios piensa de ellas, como Ruth, Judith… Lo que me gustaría agregar es que el feminismo, como filosofía única, no le hace ningún favor a quienes dice representar, porque las pone en un plano de lucha reivindicativa y la mujer es mucho más que eso. La campaña de las feministas del veinte logró lo que querían y se acabó. Pero una filosofía feminista constante tampoco le da la dignidad que merece la mujer. Caricaturizando, diría que corre el riesgo de convertirse en un machismo con polleras.

Skorka: Dentro del movimiento tradicionalista (*Masortí*), el rol de la mujer en el culto ha cambiado. Los seminarios rabínicos en el mundo otorgan el título de rabino a mujeres.

---

[40] La palabra *rabino* significa "maestro".

La verdad es que desde el punto de vista de los códigos históricos, no hay oposición directa a que una mujer enseñe la Torá ni una razón profunda para negarle el título de rabina. Cuando vemos cuál es la imagen y el rol de la mujer, tanto en la literatura bíblica como en la talmúdica, hay muchos aspectos que coinciden con lo que usted dijo recién. En el Talmud existe el Tratado del Contrato Matrimonial, cuya idea originaria era que la mujer —estamos hablando hace más de dos mil años— tuviera un documento como para que el hombre no pudiera divorciarse fácilmente, es decir, que hacerlo le costara económicamente, una cuestión bastante pragmática. ¿Por qué? Para resguardar a la mujer y su digna manutención. En el deambular de la historia del pueblo judío hubo momentos de una grandeza superlativa en la consideración de la mujer. Las imágenes que nos da la Biblia son un gran ejemplo: David, por mencionar un caso, es descendiente de dos mujeres con una voluntad enorme y una gran espiritualidad, como lo son Tamar y Ruth. Pero hubo otros momentos en los que por distintas razones ciertas expresiones dentro del pueblo judío no tuvieron esa misma grandeza y respeto hacia la mujer, que pasó a un segundo plano. ¿Por qué? Vivimos en una interrelación firme con otros pueblos, y el machismo fue una constante en el desarrollo de la humanidad. Hubo muchas culturas donde el hombre tuvo más poder que la mujer; el pueblo judío no estuvo exento de esas influencias ni de sus propias bajezas. Por otra parte, creo que merece aclararse que en las comunidades judías más observantes se adoptan reglas de recato que impiden a un hombre dar la mano o un beso a una mujer que no es la propia o ellas están obligadas a usar pelucas, vestimentas que cubran totalmente su cuerpo, etcétera. Esta normativa tiene que ver con impedir tentaciones del instinto. En un templo ortodoxo, las damas están arriba, no rezan junto con los hombres. Hay un lugar especial para ellas. Cada uno tiene su mirada sobre el tema, yo creo que cada uno tiene que luchar consigo mismo para tratar de sublimar lo instintivo que lleva dentro de sí. Aquellos que consideran que el recato les ayuda para mantener una conducta digna, adelante. El riesgo es que esa metodología, en realidad, se utilice para tapar actitudes incorrectas, que sea un simple maquillaje. Personalmente, creo que el recato debe lograrse por medio de un acto de introspección muy profundo. Pienso que cuando un hombre o una mujer están pasando por un momento muy doloroso, y reciben u ofrecen un abrazo muy fuerte o un beso, es un acto de cariño que empieza y termina en esa situación.

14. SOBRE EL ABORTO

Bergoglio: El problema moral del aborto es de naturaleza prerreligiosa porque en el momento de la concepción está el código genético de la persona. Ahí ya hay un ser humano. Separo el tema del aborto de cualquier concepción religiosa. Es un problema científico. No dejar que se siga avanzando en el desarrollo de un ser que ya tiene todo el código genético de un ser humano no es ético. El derecho a la vida es el primero de los derechos humanos. Abortar es matar a quien no puede defenderse.

Skorka: El problema que tiene nuestra sociedad es que perdió en gran medida el respeto por la santidad de la vida. El primer punto problemático es hablar del aborto como si fuese un tema sencillo y lo más normal del mundo. No es así; por más que sea una célula, estamos hablando de un ser humano. Por lo tanto, el tema merece un ámbito muy especial de discusión. Frecuentemente se ve que todo el mundo opina, sin información exacta, sin conocimientos... El judaísmo, en términos generales, lo condena, pero hay situaciones en las que está permitido. Por ejemplo, cuando está en peligro la vida de la madre. Hay múltiples casos en los que se autoriza el aborto. Pero lo interesante es que los antiguos sabios judíos del Talmud lo prohibieron absolutamente en los otros pueblos, cuando analizaron las *leyes de los gentiles*, lo que sería el *jus gentium* en el Talmud. Mi interpretación es que, como conocían lo que pasaba en Roma, querían evitar ponerse a discutir la posibilidad del aborto en una sociedad donde la vida no era muy respetada. En el Talmud se puede hallar un análisis exhaustivo acerca de la pena de muerte. Si bien ese castigo aparece en la Torá, hay sabios que opinan que debe ser restringido hasta hacer imposible su aplicación. Y hay quien sostiene con argumentos una postura menos restrictiva. Serán los sabios de cada generación los que, sobre la base de las coyunturas que enfrentarán, aplicarán la pena de acuerdo con un criterio u otro. Algo semejante ocurre con el aborto. Por supuesto que el judaísmo lo aborrece y lo condena, salvo en el claro caso, como explica la Mishná, de que la madre corra un indudable peligro de muerte. En esas ocasiones se privilegia su vida. Los otros casos —violaciones, fetos anencefálicos, etcétera— son materia de discusión rabínica a través de las generaciones. Hay posturas más restrictivas y más permisivas. El factor santidad —entendido como respeto y consideración superlativos— por la vida humana, en todas sus formas, es fundamental y debe ser el plafón y la base al discutir y analizar el tema.

15. SOBRE EL DIVORCIO

Bergoglio: El tema del divorcio es distinto al del matrimonio de personas del mismo sexo. La Iglesia siempre repudió la Ley de Divorcio Vincular, pero es verdad que hay anteceden-tes antropológicos distintos en este caso. En esa oportunidad, en los ochenta, se dio un debate más religioso, porque es un valor muy fuerte en el catolicismo el casamiento hasta que la muerte los separe. Sin embargo, hoy en la doctrina católica se les recuerda a sus fieles divorciados y vueltos a casar que no están excomulgados —si bien viven en una situación al margen de lo que exige la indisolubilidad matrimonial y el sacramento del matrimonio— y se les pide que se integren a la vida parroquial. Las iglesias ortodoxas todavía tienen una apertura más grande respecto del divorcio. En aquel debate hubo oposición pero con matices. Hubo posiciones extremas que no todos compartían. Algunos decían que era mejor que no se aprobara el divorcio, pero también había otros más dialoguistas desde el punto de vista político.

Skorka: En la religión judía la institución divorcio existe, se aplica en la Halajá, la legislación rabínica. Por supuesto, es un drama. No es una cuestión de fe, como en el catolicismo, porque su posición deriva de la lectura de los Evangelios, que dicen que Jesús tuvo una postura dura respecto del divorcio, como la adoptada por la casa de Shamai, según se nos testimonia en el Talmud. Para el judaísmo, cuando la pareja no va, y si después de muchos esfuerzos por conciliar las partes persisten las incompatibilidades, entonces se la ayuda a formalizar el acto de divorcio. Expongo en estos términos el tema porque en el judaísmo el rabino o tribunal rabínico no *declaran* ni *decretan* el nuevo estado de las partes, sólo supervisan que la disolución sea de acuerdo con las normas. Son el hombre y la mujer quienes *asumen* y *declaran* su nuevo estado, al igual que cuando se casan. Es un acto íntimo de la pareja, que supervisa un conocedor de la ley para confirmar que lo realizado es correcto. Por eso no fue tan conflictivo aquel debate. Algo parecido ocurrió cuando se discutieron los métodos reproductivos asistidos. El judaísmo estaba a favor porque era una manera de ayudar a Dios para que una mujer pudiera ser madre, para mejorar la condición del individuo sufriente. Es una postura más dinámica que la católica. El catolicismo es más duro, tiene posturas más restrictivas en estos temas. Pero cuando se plantean todas estas cuestiones en el seno de una sociedad democrática, hay que tratar de llegar a consensos. El principal acuerdo precisa ser que la vida es sagrada, no podemos jugar con células como si fuera plástico, esto lo enseña el judaísmo al igual que el cristianismo. Los religiosos y los que defienden una postura más laxa tenemos que lograr un consenso, cada uno va a tener que ceder algo. El asunto es que lo que cedamos sea dentro de un plafón: la vida es santa. Cada uno le dará a este término su propia interpretación, pero el mismo sentido: la vida merece un respeto superlativo. Sin esto no podemos avanzar.

16. SOBRE EL MATRIMONIO DE PERSONAS DEL MISMO SEXO

Skorka: La forma en que se trató el tema del matrimonio homosexual fue, a mi entender, deficitaria en lo referente a la profundidad del análisis que el tema amerita. Si bien de hecho ya hay muchas parejas del mismo sexo que conviven y merecen una solución legal en cuestiones como pensión, herencia, etc. —que bien pueden encuadrarse en una figura jurídica nueva—, equiparar la pareja homosexual a la heterosexual ya es otra cosa. No es sólo una cuestión de creencias, sino de ser conscientes de que se está tocando uno de los elementos más sensibles que hacen a la constitución de nuestra cultura. Faltaron muchos más análisis y estudios antropológicos sobre la cuestión. Paralelo a ello, por supuesto que se le debió dar mayor espacio de información a los credos, como portadores y formadores de cultura. Se debió de haber organizado debates en el seno de los propios credos, con sus múltiples tendencias, para formar un espectro completo de opiniones.

Bergoglio: La religión tiene derecho a opinar en tanto está al servicio de la gente. Si alguien pide un consejo, tengo derecho a dárselo. El ministro religioso a veces llama la atención sobre ciertos puntos de la vida privada o pública porque es el conductor de la feligresía. A lo que no tiene derecho es a forzar la vida privada de nadie. Si Dios, en la creación, corrió el riesgo de hacernos libres, quién soy yo para meterme. Nosotros condenamos el acoso espiritual, que tiene lugar cuando un ministro impone de tal modo las directivas, las conductas, las exigencias, que privan de la libertad al otro. Dios dejó en nuestras manos hasta la libertad de pecar. Uno tiene que hablar muy claro de los valores, los límites, los mandamientos, pero el acoso espiritual, pastoral, no está permitido.

Skorka: En el judaísmo hay distintas corrientes religiosas. Las extremadamente observantes normativizan en exceso. Imponen a sus fieles cómo se debe vivir. El líder de la comunidad dice "esto es así" y no hay cabida a la discusión, se mete finalmente en la privacidad de la gente. En los otros movimientos, en cambio, el rabino siempre tiene que desempeñar un rol estrictamente docente, no invasivo. Yo digo: "La ley dice esto, trata de seguir el camino de acuerdo a la tradición". Pero nada más. Hay un debate que aparece en el Talmud[41] que versa sobre si las normas correctas hay que imponerlas o basta solamente con inducirlas. Pienso que se debe inducir, no invadir, mostrando una actitud: un padre que actúa con corrección es un paradigma para el hijo, paradójicamente es también una forma de imponer, pero mediante la docencia y no a través de la coerción e invasión. Volviendo al tema, la ley judía prohíbe las relaciones entre hombres. Estrictamente lo que dice la Biblia es que los hombres no tengan relaciones al estilo de las que

---

[41] Shabat 88,a.

tienen hombres con mujeres. De allí se deduce toda una postura. El ideal del ser humano, desde el Génesis, es unir un hombre y una mujer. La ley judía es clara: no puede haber homosexualidad. Por otra parte, yo respeto a cualquier individuo mientras mantenga una actitud de recato e intimidad. Con respecto a la nueva ley, no me cierra desde el punto de vista antropológico. Al releer a Freud y Lévi-Strauss cuando se refieren a los elementos formadores de lo que conocemos como cultura, y el valor que le dan a la prohibición de las relaciones incestuosas y a la ética sexual, como numen del proceso de civilización, me preocupan los resultados que estos cambios pueden producir en el seno de nuestra sociedad.

Bergoglio: Opino exactamente lo mismo. Para definirlo utilizaría la expresión "retroceso antropológico", porque sería debilitar una institución milenaria que se forjó de acuerdo a la naturaleza y la antropología. Hace cincuenta años el concubinato no era una cosa socialmente tan común como ahora. Hasta era una palabra claramente peyorativa. Después la cosa fue cambiando. Hoy convivir antes de casarse, aunque no es correcto desde el punto de vista religioso, no tiene el peso social peyorativo de hace cincuenta años. Es un hecho sociológico, que ciertamente no tiene la plenitud ni la grandeza del matrimonio, que es un valor milenario que merece ser defendido. Por eso, alertamos sobre su posible desvalorización y antes que modificar una jurisprudencia hay que reflexionar mucho sobre todo lo que se pone en juego. Para nosotros también es importante lo que usted acaba de señalar, la base del derecho natural que aparece en la Biblia, que habla de la unión del varón y la mujer. Siempre hubo homosexuales. A la isla de Lesbos se la conocía porque allí vivían mujeres homosexuales. Pero nunca había ocurrido en la historia que se buscara darle el mismo estatus que el matrimonio. Se lo toleraba o no se lo toleraba, se lo admiraba o no se lo admiraba, aunque nunca se lo equiparaba. Sabemos que en momentos de cambios epocales crecía el fenómeno de la homosexualidad. Pero en esta época es la primera vez que se plantea el problema jurídico de asimilarlo al matrimonio, lo que considero un disvalor y un retroceso antropológico. Digo esto porque trasciende la cuestión religiosa, es antropológica. Si hay una unión de tipo privada, no hay un tercero ni una sociedad afectados. Ahora, si se le da la categoría matrimonial y quedan habilitados para la adopción, podría haber chicos afectados. Toda persona necesita un padre masculino y una madre femenina que ayuden a plasmar su identidad.

Skorka: Entendí que se hacía lo correcto durante la presidencia de Raúl Alfonsín, cuando se modificó la ley separando el matrimonio civil del religioso. Antes, para poder casar a una pareja, teníamos que tener delante de nosotros la libreta de casamiento civil. La unión entre lo civil y lo religioso no me cerraba para una sociedad democrática. Prefiero que esos dos mundos no estén mezclados. No obstante, en lo que se refiere a las leyes que hacen a temas humanos tan sensibles, el diálogo con los distintos credos debe ser más intenso, más profundo de lo que fue.

Bergoglio: Insisto en que nuestra opinión sobre el casamiento entre personas del mismo sexo no tiene base religiosa, sino antropológica. Cuando el jefe de Gobierno de la Ciudad de Buenos Aires, Mauricio Macri, no apeló el dictamen de una jueza de primera instancia autorizando la boda, sentí que tenía algo para decir, para orientar, me vi en la obligación de manifestar mi opinión. Fue la primera vez en dieciocho años de obispo que señalé a un funcionario. Si analizan las dos declaraciones que formulé, en ningún momento hablé de homosexuales ni hice alguna referencia peyorativa hacia ellos. La primera declaración decía que era preocupante el dictamen de la jueza porque indicaba cierto desapego a la ley, ya que un magistrado de primera instancia no puede tocar el Código Civil y lo estaba tocando. Además, alertaba sobre el hecho de que un jefe de gobierno, custodio de la legalidad, prohibiera apelar ese fallo. Macri me dijo que eran sus convicciones; yo se las respeto, pero un jefe de Gobierno no tiene que trasladar sus convicciones personales a la ley. En ningún momento hablé despectivamente de los homosexuales, sí intervine señalando una cuestión legal.

Skorka: En una democracia todo debe resolverse por los canales legales, mediante un sincero, profundo y respetuoso debate. Los argumentos que usa cada parte debieran buscar elementos en común con el contendiente, para arribar a una síntesis que sabe de logros y concesiones mutuas. Hubo quienes en el debate previo a la sanción de la ley invocaron la "ley natural" que presupone que la naturaleza posee en sí misma una normatividad que regula el comportamiento humano, y un paso subsiguiente en esta concepción es considerar que Dios mismo grabó ese mensaje en su Creación. Pero alguien que es homosexual podría decir, con todo derecho, que Dios o la naturaleza lo hizo a él de esta manera. Por otra parte hubo quien dijo que el amor de los homosexuales es múltiple pues conocen el amor de lo femenino y lo masculino, si bien eso no significa que sea el estado a través del cual las familias se desarrollan. Cada uno sabe el rol que cumplen en el crecimiento de los hijos la figura masculina y la figura femenina, y los problemas que hay cuando esas figuras son conflictivas.

Bergoglio: Suele argumentarse que un niño estaría mejor criado por una pareja de personas del mismo sexo que si estuviera en un asilo o un instituto. Las dos situaciones no son óptimas. El problema es que el Estado no hace lo que tiene que hacer. Hay que mirar los casos de los chicos que están dentro de ciertos institutos, donde lo que menos se hace es recuperarlos. Tiene que haber ONG, iglesias, otro tipo de organizaciones que se hagan cargo de ellos. Se tendrían que agilizar también los trámites de adopción, que son eternos, para que esos chicos pudieran tener un hogar. Pero la falta del Estado no justifica otra falta del Estado. Hay que abordar el tema de fondo. Más que una ley de matrimonio para que puedan adoptar las personas de mismo sexo, hay que mejorar la legislación de adopción, que es excesivamente burocrática y que en su implementación actual facilita la corrupción.

Skorka: Efectivamente, es necesario mejorar la ley de adopción. Adoptar a un niño, enseñan los sabios del Talmud, es un precepto superlativo. La legislación debe contemplar celeridad y eficiencia en el análisis de los factores que hacen al proceso. Volviendo al tema del matrimonio, también hay en él una dimensión que no podemos dejar de lado en este análisis, por más obvio que sea, que es la del amor. No por nada la Biblia utiliza el cuadro de los enamorados para definir el último paso en la búsqueda de Dios. Alguien tan racionalista como Maimónides, un aristotélico del siglo XII, definía al amor entre Dios y el hombre en términos al que sabe unir a un hombre y una mujer. El homosexual ama a alguien que conoce, a un igual. Es fácil conocer a un hombre siendo hombre. Conocer a una mujer es un desafío mucho más difícil para el hombre, hay que descifrarla. Un hombre puede saber perfectamente lo que está sintiendo otro hombre, o una mujer lo que le pasa en el cuerpo y la mente de otra mujer. Descubrir al otro, en cambio, es un gran desafío.

Bergoglio: Parte de la gran aventura, como usted dice,

es descifrarse mutuamente. Había un cura que decía que Dios nos hizo varón y mujer para que nos amásemos y nos amasemos. En la predicación del matrimonio suelo decirle al novio que la tiene que hacer más mujer a ella y a la novia, que lo tiene que hacer más hombre a él.

17. SOBRE LA CIENCIA

Skorka: La religión sirvió hasta el Iluminismo como transmisora de cultura, en el más amplio sentido de la palabra. Aquello que se sabía, desde todos los ámbitos, estaba aunado a lo religioso. Por eso vemos tantos rabinos en el judaísmo y tantos monjes en el catolicismo que se dedicaron a diversas ciencias. Maimónides, Copérnico y Mendel son ejemplos postreros de una tradición anterior. Los copistas también eran monjes. El Talmud está lleno de conceptos sociológicos, antropológicos, medicinales. La religión era el canal a través del que se transmitía la cultura, la pureza idiomática, y daba respuesta a las preguntas básicas que mencioné antes: ¿Qué es el hombre? ¿Qué es la naturaleza? ¿Qué es Dios? Y hoy, cuando emergen las grandes preguntas, los grandes cuestionamientos, siempre se vuelve a lo religioso. Hay grandes dudas. Por ejemplo, hubo que redefinir qué es la muerte para realizar trasplantes de órganos. Durante siglos y siglos, la muerte estuvo definida como el cese de la actividad cardiorrespiratoria. Cuando se le preguntó a los rabinos si se puede salvar una vida mediante un trasplante cardíaco en el que la ablación del órgano se hace cuando se encuentra prefusionando, vieron que en el Talmud hay un concepto de muerte cerebral. Uno podría decir: "Miren qué visionarios". Hoy se discute acerca del comienzo de la existencia del ser humano. ¿Acaso el óvulo fecundado en sus primeros estadíos de desarrollo ya debe considerarse ser humano? De acuerdo con el criterio de uno de los sabios del Talmud, ya poseería un alma, un hálito de lo divino. La ciencia aclara que el cigoto ya posee toda la información genética que definirá al nuevo ser. ¿Acaso es ello un argumento concluyente para considerarlo como tal? Cuando la ciencia llega a sus límites, el hombre recurre a lo espiritual, a la experiencia existencial de los siglos pasados. La ciencia y la religión son campos paralelos que deben entrar en diálogo. El científico que pretende refutar el fenómeno religioso a partir de sus conocimientos al igual que el religioso que pretende refutar la ciencia a partir de su fe no dejan de ser necios. Sólo a través del diálogo que comienza con el conocimiento de las propias limitaciones y límites se puede ir desarrollando el debate entre ambos, imprescindible para el avance de una humanidad en búsqueda de una ética profunda.

Bergoglio: Es verdad. Por un lado, como usted dijo, Rabino, está todo lo que mencionó sobre lo educacional, toda la sapiencia de los siglos acumulada por la reflexión, por la Torá, por los Evangelios. Y eso se ofrece a la humanidad. También hay una cosa interesante: la verdad religiosa no cambia, pero sí se desarrolla y va creciendo. Sucede como en el organismo humano, que es el mismo de bebé y de anciano, pero en el medio hay todo un camino. De ese modo, se explica que antes algo se veía como natural y que hoy no se vea así. Un ejemplo es la pena de muerte, que antes era uno de los castigos de catálogo que el cristianismo aceptó. Pero hoy la conciencia moral se afinó mucho, y en el catecismo se dice que es mejor que no exista. Se va afinando la conciencia del hombre respecto del mandato moral y también va creciendo la intelección de la fe. Lo mismo pasó con la esclavitud: ahora a nadie se le ocurriría meter un montón de gente en un barco y mandarla del otro lado del océano. Es verdad que hoy hay otros tipos de esclavitud, como el caso de las dominicanas que traen para someterlas a la prostitución o los bolivianos indocumentados que vienen a trabajar y los obligan a hacerlo en condiciones infrahumanas.

Skorka: Muchas veces, cuando las instituciones religiosas se equivocaron, lo manifestaron; y en muchas otras, callaron o hablaron a regañadientes. Hasta el día de hoy a la Iglesia le duele el juicio que se le hizo a Galileo. De la misma forma en que el religioso que transforma en verdad científica absoluta su peculiar interpretación de los textos bíblicos peca de necedad, el científico que cree que sus conocimientos son indiscutibles, sagrados, peca de ceguera intelectual. La ciencia todo el tiempo se supera, el desafío constante de la ciencia es encontrar una teoría que supere la anterior, que sea más abarcativa. Como usted dijo, monseñor, hay un desarrollo de lo espiritual aunque las esencias que hacen a lo espiritual sean inmutables, y en ese desarrollo, sin lugar a dudas, debe haber un diálogo entre lo religioso y lo científico. No es que uno le quite lugar al otro. Pero cuando no hay respuestas científicas, aparecen las respuestas intuitivas que para mí se transforman en respuestas espirituales, pues nacen por medio de un proceso espiritual diferente del razonamiento inductivo o deductivo. Por otra parte se debe enfatizar que la ciencia tiene límites, no nos olvidemos de eso. La ciencia no busca el porqué de las cosas, responde sólo al cómo. La esencia última de las cosas no la conocemos. Para obtener esas respuestas acudimos a la intuición espiritual. La ventaja que, entre comillas, tiene la ciencia respecto de la religión es que después uno va a un laboratorio y comprueba la veracidad de la hipótesis. Aunque hay ciencias que no tienen método de verificación tan directo, como la psicología.

Bergoglio: La ciencia tiene su autonomía, que se debe respetar y alentar. No hay que meterse en la autonomía de los científicos. Excepto que se extralimiten de su campo y se metan en lo trascendente. La ciencia es fundamentalmente instrumental del mandato de Dios que dice: "Crezcan, multiplíquense y dominen la tierra".[42] Dentro de su autonomía, la ciencia va transformando incultura en cultura. Pero cuidado, cuando la autonomía de la ciencia no se pone límites a sí misma y va más adelante, puede írsele de las manos su propia creación. Es el mito de Frankenstein. Me hace recordar una historieta que leía de chico en *El Tony*, que se llamaba "Los mutantes". Por un exceso científico, los hombres empezaban a transformarse en cosas. Un ejemplo claro de estas extralimitaciones es el dominio de la energía atómica, que puede llegar a destruir la humanidad. Cuando el hombre se ensoberbece, crea un monstruo que se le va de las manos. Es importante para la ciencia ponerse el límite para poder decir: "Desde acá ya no creo cultura sino que es otra forma de incultura, que es destructiva".

Skorka: Ése es el mensaje que encierra la historia del Golem. En Praga, un rabí creó un muñeco, un autómata, para defender a los judíos de los ataques antisemitas. Le grabó la palabra "emet"[43] en la frente, el tetragrama de Dios puso en su boca, y ordenaba al Golem que le sirviera a él. Una versión de la leyenda dice que un viernes, antes del Shabat,[44] el muñeco se independizó y empezó a romper todo. El rabí

---

[42] Génesis 1:28.
[43] "Verdad", en hebreo.
[44] Sábado, día sagrado de descanso de la religión judía.

le borró la primera letra de la frente y quedó "met", que significa muerto, y le quitó el papelito de la boca, entonces volvió a la arcilla de la cual el rabino lo había hecho. Es el paradigma de cuando el hombre no domina lo creado por su intelecto, cuando el resultado de su creación se le escapa de las manos.

18. SOBRE LA EDUCACIÓN

Skorka: La religión es una cosmovisión del mundo. Y educar significa transmitir una cosmovisión. Por lo tanto, las dos cosas están íntimamente ligadas. Cuando analizamos cómo se formaron las distintas culturas, vemos dos planos: el avance tecnológico en las sociedades, por un lado; y la formación de la cultura como manifestación de los valores que conforman el modo de vida de los pueblos, por el otro. La cultura, en esencia, es la respuesta a tres preguntas: ¿Qué es el hombre? ¿Qué es la naturaleza? ¿Qué es Dios? Entonces, resulta indispensable que en la formación de los chicos se estudien estas preguntas y las respuestas que la religión tiene para ellas. Alguien puede señalar que en una sociedad democrática se debería dar todo un espectro, no una sola parte. Por supuesto que comparto la idea, y por eso no acuerdo con una clase de religión en las escuelas públicas, tal como se daba en el pasado.

Bergoglio: Tampoco acuerdo con las clases de religión que supongan discriminación a los no católicos. Pero sí creo que la religión debe formar parte de la educación en la escuela, como un elemento más en el amplio abanico que se brinda en las aulas. Me parece discriminatorio que no se hable de la religión, que no se enseñe el punto de vista religioso de la vida y de los acontecimientos históricos como se hace con otras disciplinas.

Skorka: Estoy de acuerdo con usted: quitarle la posibilidad de educar a una religión es quitarle mucho. Ahora bien, por supuesto que la educación, en detalle, cada uno la tiene que dar en su parroquia o en su comunidad. Pero la base del judaísmo —que después se desarrolló en el cristianismo y también en el Islam— es la exaltación del hombre como un ser capaz de comportarse más allá de sus instintos. La importancia que tiene la religión para la educación es que reafirma la condición de excelso que tiene el hombre, cada individuo en su conducción de tal. La escuela pública nacional debe tener algún tipo de enseñanza religiosa porque su rol principal consiste en transmitir valores. En el momento que se introduce el concepto de Dios, se deja un poco de lado lo antropocéntrico. Si no se habla de Dios, la imagen que se les da a los chicos es que todo pasa por lo humano, por uno mismo. Si se introduce la variante religiosa, después se puede encarar cualquier otro tema de una manera distinta. ¿Qué es la educación sexual? ¿Solamente informar acerca de cuestiones anatómicas y fisiológicas? ¿O dar esencialmente valores? Por supuesto que los chicos tienen que saber anatómica y fisiológicamente lo que les está pasando, pero eso tiene que ir acompañado de ciertos valores que les permitan decidir qué hacer con su sexualidad. Lo sexual debería servir para manifestar un profundo sentimiento de amor que yace en el hombre. Me gustaría que en la escuela, en el momento en que le dan información al chico, le digan: "El judaísmo opina que…". Lo mismo con la cosmovisión cristiana o islámica; acentuar los denominadores comunes que hay entre ellas. Si llegáramos a abdicar de nuestra función educativa, perderíamos nuestra esencia. Se acentuaría esta realidad que vivimos hoy, del aquí y el ahora. En nuestras religiones es básico el concepto de trascendencia, significa que lo que se está haciendo no termina en ese acto en sí mismo, sino que tiene una proyección a futuro. Es fundamental transmitirlo en la realidad consumista que se vive en el presente.

Bergoglio: En la Biblia, Dios se muestra como un educador. "Yo te llevé a babucha, te enseñé a caminar", dice. La obligación del creyente es hacer crecer a sus crías. Cada hombre y cada mujer tienen derecho a educar a sus hijos en sus valores religiosos. La incidencia del Estado en la privación de esta formación puede llevar a casos como el nazismo, en el que los chicos eran adoctrinados con valores ajenos a los de sus padres. Los totalitarismos tienden a copar la educación para llevar el agua a su propio molino.

Skorka: Algún mensaje al chico siempre se le da, sea mediante lo que se dice o se hace, o de lo que no se dice o no se hace. Siempre hay un mensaje, ¿por qué nosotros deberíamos abdicar del nuestro? La religión es una prédica hacia el hombre que busca su sentido de existencia. Es lo mismo que un filósofo que tiene una verdad que desea compartirla con los otros, que la quiere enseñar. El mensaje lo tengo que compartir con todos: el que quiere que lo reciba, y el que no quiere que no lo reciba; pero la información debe presentarse. Es una cuestión básica de toda religión, sin eso se terminó la institución religiosa. Hay que explicar algo claramente: religión no es sólo —judaicamente, y entiendo que también cristianamente, hablando— una cuestión de culto, de orar a Dios en un templo y ahí se terminó la historia. Para poder llegar a Dios, necesariamente hay que pasar a través del prójimo. El ser religioso debe manifestar su sentimiento por medio de un compromiso con valores de vida que reflejen el credo en una realidad trascendente. Esta información, a mi entender, es la que debe entregarse a los alumnos, para que —a través de su elaboración posterior— se vuelva parte esencial de su formación. Por otra parte, en los códigos de la ley judía, las leyes religiosas que indican cómo honrar a los progenitores se encuentran al lado de aquellas que reflejan cómo honrar al maestro. Uno está totalmente ligado con el otro. El judaísmo es esencialmente educación, siempre se está transmitiendo algo. Recordemos que el término *rabino* significa "maestro".

Bergoglio: La escuela educa hacia lo trascendente, igual que la religión. Pero no abrirle las puertas a la cosmovisión religiosa en el ámbito escolar es mutilar el desarrollo armónico de un chico. Porque hace a su identidad, a transmitir los mismos valores que el padre, que se proyectan en el hijo. Se lo priva de la herencia cultural y religiosa. Si a la educación le quitás la tradición de tus padres, queda sólo ideología. La vida se ve con ojos cargados, no hay hermenéutica aséptica ni siquiera en la educación. Las palabras están preñadas de historia, de experiencias de vida. Cuando uno deja un vacío, lo ocupan ideas alejadas de la tradición familiar; así nace la ideología. Recuerdo que en el industrial había un profesor comunista. Teníamos una relación bárbara con él, nos cuestionaba todo y nos hizo mucho bien. Pero nunca nos mintió, siempre nos dijo desde dónde nos estaba hablando, cuál era su hermenéutica y su cosmovisión del mundo.

Skorka: Nosotros teníamos muchos maestros y profesores en el secundario, pero rara vez podíamos hablar de la vida con ellos. Algunos se manifestaban de tal modo que no dejaban lugar. Pero los chicos se preguntaban: este hombre que me enseña física o que me enseña química, ¿qué piensa para el bien de la vida? La educación no puede ser algo impersonal, tiene que haber diálogo. La clase se transformaba en algo mecánico, enseñaban geometría euclidiana pero nadie daba clase sobre las cosmovisiones del mundo. No había nada humano, las presentaciones eran frías, sin mensajes. Debería haber un consenso donde se respeten todos los puntos de vista, pero partiendo de la trascendencia del hombre, entendiéndola en su forma más amplia. Los profesores muchas veces no se apartan del texto, no abren el corazón. No queremos que la religión restrinja, pero tampoco que pase al revés.

Bergoglio: Hay una diferencia entre ser profesor y ser maestro. El profesor da fríamente su materia, mientras que el maestro se involucra. Es profundamente testimonial. Hay coherencia entre su conducta y su vida. No es un mero repetidor de la ciencia, como el profesor. Hay que ayudar a los hombres y a las mujeres para que sean maestros, para que sean testigos, ésa es la clave de la educación.

19. SOBRE LA POLÍTICA Y EL PODER

Bergoglio: La Iglesia católica tuvo mucho que ver en el proceso de la independencia nacional, en ese camino que fue de 1810 a 1816. Incluso hubo clérigos en la Primera Junta, en el Congreso de Tucumán, en la Asamblea del Año XIII. La Iglesia estuvo a la hora de plasmar la Patria junto a un pueblo mayormente católico, evangelizado, catequizado. Cuando la Patria se abre a las corrientes migratorias, llegan comunidades de otros credos, como los judíos y los islámicos. Por ese mestizaje cultural y espiritual que se dio, se forjó una virtud argentina: aquí se vivió como hermanos, más allá de que siempre hubo algún loco suelto que tiraba petardos, algún extremista. Un símbolo de esta hermandad es la ciudad de Oberá, la capital del mestizaje. Allí hay sesenta templos, de los cuales sólo la minoría es católica. Los demás pertenecen a otras confesiones: evangélicos, ortodoxos, judíos. Y todos viven muy bien, muy contentos. Otro ejemplo es el de William Morris, un evangélico protestante que hizo escuela en el tema de la educación argentina. La Patria no surgió al margen de la religión, sino que creció a la luz de ella.

Skorka: Sin lugar a dudas, la Patria surgió con referencia a lo religioso, empezando por el catolicismo. Las distintas religiones que se asentaron en la Argentina hicieron un gran aporte a la cultura nacional. Profundo fue el debate que se dio en la época de la Independencia, cuando los clericales discutían con los iluministas —la otra corriente de la independencia nacional, que tomaba el ideario de la Revolución Francesa— y polemizaron hasta dónde la religión tenía injerencia en las cuestiones del Estado. Yo hoy no sé si todos los que en aquel momento decían "no" a la Iglesia eran, en verdad, no religiosos. Porque se suele confundir a la institución que desarrolla la religión con la esencia de la religión. La tensión iluminismo, libertad, igualdad, fraternidad versus religión resultó muy positiva, pues demandó de ambas partes una revisión y un análisis de sus posturas. Mientras el debate fue sinceramente ideológico, resultó positivo. Veamos qué pasa hoy en la realidad argentina: cuando se dan momentos de gran crisis, la sociedad busca como último garante a la religión. Cuando fue el estallido de 2001, se armó la Mesa de Diálogo. La política había quebrado y se llamó a la religión para que ayudara a salir de una situación difícil. Iglesia, etimológicamente, significa reunión en griego y *beith hakneset* —sinagoga, en hebreo— también quiere decir casa de reunión. Significa que no es meramente el lugar donde se busca a Dios, sino que también se debate en él todo lo concerniente a lo humano. Tal como era en el pasado, en los tiempos proféticos, tiene que haber una declaración clara de las religiones en lo referente a las problemáticas de carácter social. Ahora, eso no quiere decir que los religiosos tengan que hacer política partidaria. No sé qué opina usted, monseñor, que entre sus clérigos hubo casos como el de Joaquín Piña.[45]

---

[45] Joaquín Piña es jesuita y obispo emérito de Puerto Iguazú. En 2006 encabezó una coalición cívica electoral que consiguió evitar la aprobación

Bergoglio: Piña explicó que no se trataba de un hecho político, que se trataba de un plebiscito, pero no de un cargo electivo. Se prestó a la votación para ver si se hacía o no la reforma constitucional. Tal es así que renunció y se fue una vez que creyó cumplido su deber.

Skorka: A mi entender, el religioso tiene que manterse al margen del mundo de la política, salvo cosas muy puntuales, como cuando Marshall Meyer se involucró para defender los derechos humanos en la Argentina. Pero siempre fue algo muy puntual y bien definido, él no quería ser diputado, senador ni nada. Acompañó a Raúl Alfonsín y a otros políticos en el camino para la recuperación de la democracia. Pero nunca trabajó en aras de un puesto gubernamental. Hay que ser muy cuidadosos, nunca se debe utilizar la tribuna religiosa para satisfacer un interés político.

Bergoglio: Todos somos animales políticos, en el sentido mayúsculo de la palabra política. Todos estamos llamados a una acción política de construcción en nuestro pueblo. La predicación de los valores humanos, religiosos, tiene una connotación política. Nos guste o no, la tiene. El desafío del que predica está en marcar esos valores sin inmiscuirse en la pequeña cosita de la política partidaria. Cuando dije, el día del aniversario de Cromañón,[46] que Buenos Aires era una ciudad vanidosa, casquivana y coimera, alguno exigió que

---

de un proyecto de reelección indefinida del entonces gobernador de la provincia de Misiones.

[46] República de Cromañón era una discoteca de la ciudad de Buenos Aires que se incendió la noche del 30 de diciembre de 2004, mientras tocaba la banda Callejeros, ocasionando 193 muertes. Ese día, la capacidad del lugar había sido sobrepasada, las salidas de emergencia estaban cerradas y el lugar no cumplía con las normas de seguridad exigidas para ser habilitado.

señalara con nombre y apellido, pero ahí estaba hablando de toda la ciudad. Todos tenemos la tendencia a ser coimeros. Cuando un policía para a un automovilista por exceso de velocidad, es probable que la primera frase que se escuche sea "cómo lo arreglamos". Lo llevamos adentro, tenemos que luchar contra esa tendencia a la recomendación, al arreglo, a que te pongan primero en la lista. Tenemos idiosincrasia coimera. En esa homilía estaba hablando de un defecto de la ciudad, no estaba haciendo política partidista. El problema es, en verdad, de los medios, que a veces reducen lo que uno dice a lo coyuntural. Hoy cada medio arma algo distinto con dos o tres datos: desinforman. Lo que uno dice en el púlpito refiere a la política con mayúscula, a la de los valores; pero los medios, con frecuencia, suelen sacarlo de contexto y coyunturalizarlo en provecho de la pequeña política. Recuerdo que después de un Te Deum usted me dijo: "¡Qué valiente!". A mí me parecía normal hablar así, pero usted ya estaba mirando la traducción que iban a hacer los medios de mis dichos. Al día siguiente, los diarios les dieron las más diversas interpretaciones contra algunos políticos pero, cuando yo hablé de los dirigentes, utilicé un nosotros inclusivo.

Skorka: Me acuerdo de esa homilía, fue un 25 de Mayo, y fue la que trajo como consecuencia que no se realizara más el Te Deum en la Catedral metropolitana. Lamentablemente, los medios no le informan a la gente el real sentido de las palabras del religioso, que en verdad clama para que se sostengan ciertos valores. Un religioso no habla sólo para una coyuntura específica, sino que proyecta hacia el futuro, para la trascendencia, clama por valores muy profundos. Desde la perspectiva de los profetas, que son muy exigentes, mientras haya una persona con hambre las cosas no van a estar bien. En ese marco, lo que hay que hacer cuando se escucha una homilía es tomar una lupa y ver exactamente cada palabra y analizarla desde la óptica de los profetas. Por otro lado, hay que reconocer que dada la importancia de la Iglesia católica en la Argentina, no puede eludir el diálogo con los factores de poder ni ignorar que, a su vez, el poder interprete políticamente sus dichos.

Bergoglio: El riesgo que debemos evitar los curas y los obispos es caer en el clericalismo, que es una postura viciada de lo religioso. La Iglesia católica es todo el pueblo fiel de Dios, incluidos los sacerdotes. Cuando un cura expresa la palabra de Dios o cuando se hace cargo del sentir de todo el pueblo de Dios, está profetizando, exhortando, catequizando desde el púlpito. Ahora, cuando un cura conduce una diócesis o una parroquia, tiene que escuchar a su comunidad, para madurar las decisiones y conducirla en ese camino. En cambio, cuando se impone, cuando de alguna manera dice "acá mando yo", cae en el clericalismo. Desafortunadamente, vemos algunas modalidades de conducción en sacerdotes que no responden a la pauta de buscar la armonía en nombre de Dios. Hay curas con tendencia a clericalicalizar con sus declaraciones públicas. La Iglesia defiende la autonomía de las cuestiones humanas. Una sana autonomía es una sana laicidad, donde se respetan las distintas competencias. La Iglesia no va a decirles a los médicos cómo deben realizar una operación. Lo que no es bueno es el laicismo militante, el que toma una posición antitrascendental o exige que lo religioso no salga de la sacristía. La Iglesia da los valores, y ellos que hagan el resto.

Skorka: En mi caso, soy muy crítico y escéptico con respecto a los distintos partidos políticos en la República Argentina. Lamentablemente, la historia de los últimos años, casi desde que tengo memoria, me está dando la razón. No estoy impregnado de fidelidad hacia algún partido. Pero cuidado, siempre pensé y sigo pensando que el mejor sistema social es el democrático. Cuando hablo desde el púlpito acerca de la Argentina, lo hago de una manera muy genérica: todos somos culpables de lo que está ocurriendo. No puede ser que un país que puede producir alimentos para 300 millones de personas no sea capaz de alimentar a sus 38 millones de habitantes. Eso demuestra un quiebre de valores. Veo permanentemente luchas de intereses y no tantas luchas por el bien del prójimo. Tampoco encuentro instituciones políticas que tengan una profunda convicción para transformar la realidad. Advierto que sólo luchan por obtener el poder y anteponen el poder al individuo. Con muy poco dinero se podrían erradicar las villas miseria. Me estalla el corazón cuando veo mendigos en la calle, algo que comenzó a multiplicarse de una manera tremenda. Tenemos una Argentina enferma. Me duele en el alma, tendríamos que tener una realidad totalmente distinta. Lo digo sin embanderarme con nadie, y con la firme esperanza de que en algún momento surjan los líderes capaces de revertir esta realidad.

Bergoglio: Hace unos años, los obispos franceses escribieron una carta pastoral cuyo título era "Rehabilitar la política". Se dieron cuenta de que había que rehabilitarla porque estaba muy desprestigiada, creo que lo mismo vale para nosotros. El desprestigio del quehacer político es necesario revertirlo porque la política es una forma más elevada de la caridad social. El amor social se expresa en el quehacer político para el bien común. Yo nací en el treinta y seis, tenía diez años con el surgimiento de Perón, pero mi familia materna es de raigambre radical. Mi abuelo materno era carpintero, y una vez por semana venía un señor con barba a venderle las anilinas. Se quedaban un buen rato charlando en el patio mientras mi abuela les servía un tazón de té con vino. Un día mi abuela me preguntó si yo sabía quién era don Elpidio, el vendedor de anilinas. Resultó ser que se trataba de Elpidio González, que había sido vicepresidente de la Nación. A mí me quedó grabada la imagen de ese ex vicepresidente que se ganaba la vida como vendedor. Es una imagen de honestidad. A nuestra política le pasó algo, se desfasó de las ideas, de las propuestas... Se desplazaron las ideas de las plataformas políticas a la estética. Hoy importa más la imagen que lo que se propone. Ya lo decía Platón en *La república*, la retórica —que vendría a ser la estética— es a la política lo que la cosmética a la salud. Nos hemos desplazado de lo esencial a lo estético, hemos endiosado la estadística y el marketing. Tal vez por eso esté cometiendo un pecado contra la ciudadanía: el último voto que di fue el legislativo durante el gobierno de Frondizi, todavía tenía domicilio en la provincia de Santa Fe, porque trabajaba allá como profesor. Cuando vine a Buenos Aires, no di cambio de domicilio y como estaba a más de quinientos kilómetros ya no iba a votar. Y cuando finalmente me radiqué en el Arzobispado, tuve que hacer el cambio de domicilio pero seguí apareciendo en el padrón santafesino. Después, encima, cumplí setenta años y ya no tengo obligación de votar. Es discutible si está bien que no vote, pero al fin y al cabo soy padre de todos y no debo embanderarme políticamente. Reconozco que es difícil abstraerse del clima electoral cuando se acercan los comicios, sobre todo cuando algunos vienen a golpear la puerta del Arzobispado para decir que son los mejores. Como cura, frente a una elección, mando a leer las plataformas para que los fieles elijan. En el púlpito me cuido bastante, me ciño a pedir que busquen los valores, nada más.

Skorka: Yo también propongo que lean las plataformas y que cada uno las analice con su capacidad de discernimiento. No tengo un puesto de exposición política tan importante como usted, monseñor, pero cuando me invitan a distintos actos de políticos que no tienen connotaciones electoralistas, voy. Creo que es una manera de honrar la política y la Patria.

Bergoglio: Por supuesto que participar de la vida política es una manera de honrar la democracia.

Skorka: A veces, cuando ocurren ciertos acontecimientos importantes en el país, que tienen una connotación política, nosotros emitimos algún tipo de opinión. Y a veces es una opinión crítica. Cuando hay una actitud reñida con los valores, esa manifestación debe ser criticada por nosotros, pero no con argumentos políticos sino religiosos. Como se trata de valores humanos, en ocasiones resulta difícil discernir entre unos y otros. De ninguna manera nos podemos abstraer. En un programa de televisión que se llamaba *Dios es mi descanso*, yo manifestaba la importancia de la democracia en la época del Proceso militar. No era la crítica de un político sino de un rabino que la hacía desde su plataforma religiosa.

Bergoglio: Habría que distinguir entre la política con mayúscula y la política con minúscula. Cualquier hecho que un ministro religioso haga es un hecho político con mayúscula, pero algunos se meten en la política con minúscula. El religioso tiene la obligación de marcar los valores, las líneas de conducta, de la educación o decir alguna palabra, si se lo piden, frente a una situación social determinada. El 30 de diciembre de 2009 oficié la misa por los cinco años de Cromañón. Era un hecho social por el que se debía decir algo. Existen situaciones que llaman, lo mismo que cuando hay desviaciones serias. No es que uno se manifiesta al mundo por la política, sino por los valores que están en juego, por las desgracias que están sucediendo. El ministro tiene la obligación de defender los valores, lo que pasa es que el mundo de la política puede llegar a ser culpógeno: escucha a un pastor y dicen que se está tirando contra fulano. No nos tiramos contra nadie, nos referimos a un valor que está en peligro, que hay que salvaguardar. Enseguida salen los medios que a veces tienen hepatitis —lo digo por el amarillismo— y dicen: "Dura réplica a tal o cual".

Skorka: Hay un doble juego de algunos políticos, que por un lado piden que la religión no opine, pero en la campaña quieren la bendición de los ministros religiosos.

Bergoglio: Cuando recibo a los políticos, algunos vienen bien, con buena intención, y compartiendo la visión de la Doctrina Social de la Iglesia. Pero otros llegan sólo para buscar lazos políticos. Mi respuesta siempre es la misma: la segunda obligación que tienen es dialogar entre ellos. La primera es ser el custodio de la soberanía de la Nación, de la Patria. El país es la dimensión geográfica y la Nación la constitucionalidad o el aspecto jurídico-legal que hace que la sociabilidad sea viable. Un país o una nación pueden decaer en una guerra o ser mutilados y ser rehechos. En cambio, la Patria es el patrimonio de los padres, lo que hemos recibido de quienes la fundaron. Son los valores que nos entregaron en custodia, pero no para que los guardemos en una lata de conserva, sino para que con el desafío del presente los hagamos crecer y los lancemos hacia la utopía del futuro. Si se pierde la Patria, no se recupera: ése es nuestro patrimonio. Hay dos imágenes que me dicen mucho sobre la Patria. Una es bíblica, cuando Abraham sale de su tierra, siguiendo el camino de Dios, y se lleva a su padre que es un fabricante de ídolos. Aun así, no corta su tradición y la va purificando con la revelación. La otra imagen, más occidental, es cuando Eneas, ya quemada Troya, sale para fundar Roma poniéndose a su padre a babucha. La Patria es ponerse a los padres a babucha. Con la herencia que nos dejaron debemos negociar el presente, hacerla crecer y lanzarla al futuro. Hoy los políticos son los encargados de preservar la Patria, las teocracias nunca fueron buenas. Dios le da al hombre la responsabilidad de gestionar el progreso de su país, su patria y su nación. La religión marca las pautas ético-morales y abre el camino a la trascendencia.

Skorka: Monseñor, usted utilizó una palabra clave: diálogo, sincero y profundo. El peor problema que tiene nuestro país es cultural, más que cualquier otra cosa. Estamos muy enfermos en la Argentina, y una de sus manifestaciones es la falta de diálogo. Como usted dijo, un país es un territorio; una nación, una estructura jurídico-legal para ordenarse, y la patria, el legado del pasado. Pero todo eso necesita un fuelle de valores. La Argentina nació de una estructura donde lo religioso era importante, con sus errores y sus aciertos. Hay que rescatar esos aciertos en la conformación de la Patria —amén de que cada una de las tradiciones tenga una cosmovisión diferente— y llevarlos a un diálogo con el agnóstico para llegar a un consenso que recree la Patria. Tomo lo que usted dijo, monseñor, hay que llevar a los padres a babucha, pero como manifestó el famoso rabino de Kotzk: toda verdad imitada deja de ser verdad. Hay que crear una verdad propia que sabe tener sus raíces en el pasado, con el diálogo, y a ello debiera aportar la religión. Ése tendría que ser el contacto con el mundo político. Por otra parte, no hay muchos estados teocráticos, por suerte, porque conllevan el fundamentalismo. La estructura de todos los estados tiene que ser democrática. Incluyo en esto al Estado de Israel, donde se manifiestan los valores de la tradición judía en todos los aspectos, pero por medio de una estructura totalmente democrática. No es fácil, hay permanentes choques entre religión y Estado. El rabinato opina una cosa y la Corte Suprema, otra, y hay que tratar de congeniar la democracia con ciertas estructuras religiosas que a veces son muy duras y rígidas. Pero en democracia lo duro se ablanda con diálogo.

Bergoglio: El poder es algo que Dios le dio al hombre. Les dijo: "Dominen la tierra, crezcan, multiplíquense". Es un don de Dios que permite participar en su creación. Yo desmitificaría la palabra "poder", con que a veces se define a la religión. Si uno piensa que el poder es imponer lo mío, meter a todos en mi línea y hacerlos andar por ese camino, creo que está equivocado. La religión así no debe ser. Ahora, si concibo el poder de una manera antropológica, como un servicio a la comunidad, es otra cosa. La religión tiene un patrimonio y lo pone al servicio del pueblo, pero si empieza a mezclarse en politiquería y a imponer cosas debajo de la mesa, entonces sí se convierte en un factor de poder malo. Lo religioso tiene que tener un poder sano, en cuanto que sirva a las dimensiones humanas para el encuentro con Dios y la plenitud de la persona. Tiene que ser un poder propositivo: yo ayudo. No está mal si la religión dialoga con el poder político, el problema es cuando se asocia con él para hacer negocios debajo de la mesa. Y en la historia argentina, creo que hubo de todo.

Skorka: En ese sentido, en la comunidad judía hubo un antes y un después del atentado a la AMIA. En ese momento, algunas autoridades comunitarias tuvieron un acercamiento tan grande con el Presidente de la Nación[47] que no trajo buenos frutos. Más bien trajo frutos amargos. Yo creo que debe haber diálogo pero con distancia. No puede existir un amiguismo que pueda llegar a redundar en beneficios para las partes. Se tiene que poder levantar el teléfono y hablar con un ministro o un secretario de Cultos cuando hay algún problema, pero debe haber una clara demarcación. Si miro a la Iglesia católica, me parecen terribles los sacerdotes que

---

[47] Se refiere al ex presidente Carlos Menem.

estuvieron en la tortura, como Christian von Wernich. Todos ellos apoyaron de alguna manera esos procedimientos porque estaban dando una absolución al asesino, en vez de decirles claramente que eran asesinos.

Bergoglio: Quienes participan de situaciones así están cohonestando.

Skorka: El hombre nunca deja de ser hombre. El hombre en nuestra concepción no es un ángel, que sólo está preparado para cumplir órdenes y lo hace con pureza. Mientras que el ángel no tiene libre albedrío, el hombre cuenta con pasiones. De alguna manera, la persona que quiere liderar una comunidad religiosa necesita tener autoconfianza, autoestima, algún grado de egolatría. Si no, no lo puede hacer. Todos los que se ponen a la cabeza de una congregación necesitan reafirmar el propio yo. La cuestión siempre pasa por: ¿qué es lo que se hace con ese poder?, porque el poder siempre es para algo. ¿Recuerda que le dije cuando lo llamé por teléfono a raíz de la elección del nuevo Papa? Le dije: "Espero que Dios los ilumine a fin de que puedan elegir a la persona apropiada. Históricamente, ser Papa era constituirse en una voz considerada, aunque sea para recibir críticas, pero que a nadie le es indiferente. Y que elijan una persona de espíritu templado porque puede llegar a hacer cosas muy importantes". La cuestión es si, una vez que uno llega tan alto, sigue siendo sincero, humilde, si está a la altura de las circunstancias. Hace cincuenta años este diálogo hubiera sido imposible. Si no fuese por usted, hubiera seguido siendo imposible. Hay que romper círculos viciosos. Como cabeza de la Iglesia argentina, usted usó el poder para hacer algo. Pero por otra parte, no siempre hay que dejar que los mediocres lleguen al poder.

Bergoglio: Un jesuita muy inteligente solía decir, a modo de chiste, que venía corriendo una persona pidiendo auxilio.

Quien lo perseguía, ¿era un asesino? ¿Un ladrón? No... un mediocre con poder. Es verdad, pobres los que están debajo del mediocre cuando éste se la cree. Cuando un mediocre se la cree y le dan un poquito de poder, pobres los que están debajo. Mi papá siempre me decía: "Saludá a la gente cuando vas subiendo porque te la vas a encontrar cuando vengas bajando. No te la creas". La autoridad viene de arriba; ahora, cómo la usan es otra cosa. Me pone la piel de gallina cuando leo el Libro de los Reyes porque sólo unos pocos fueron justos a los ojos del Señor. Pero la mayoría, no. Uno lee cosas que hicieron nuestros reyes religiosos y se agarra la cabeza. Incluso matan: el rey santo, David, no sólo es adúltero sino que, para tapar lo que hizo, manda a matar al esposo de la mujer. Pero tiene la humildad, cuando lo reprende el profeta Natán, de reconocer que ha pecado y pide perdón. Se hizo a un costado y le dijo al Señor que viniera otro en su lugar. El poder es algo que en nuestra tradición es dado por Dios: "Ustedes —dice el Señor— no me eligieron a mí, yo los elegí a ustedes". A los curas, el día que les impongo las manos y los ordeno, les digo que no estudiaron para recibirse de curas, que no es una carrera, que ellos no eligieron sino que a ellos los eligieron. Ahora qué pasa, somos humanos, somos pecadores, no somos ángeles, como decía usted, Rabino. Uno se va enredando en poderes que no son los que les fueron dados en la unción, sino de otro tipo. O se la cree, o impone un poder temporal, que no es el que el Señor quiere. Una cosa buena que le pasó a la Iglesia fue la pérdida de los Estados Pontificios, porque queda claro que el Papa lo único que tiene es medio kilómetro cuadrado. Pero cuando el papado era rey temporal y rey espiritual, ahí se mezclaban las intrigas de corte y todo eso. ¿Ahora no se mezclan? Sí, ahora también las hay, porque hay ambiciones en hombres de la Iglesia, hay —lamentablemente— pecado de carrerismo. Somos humanos y nos tentamos, tenemos que estar muy alertas para cuidar la unción que recibimos porque es un regalo de Dios. Las *roscas* de poder, que existieron y existen en la Iglesia, se deben a nuestra condición humana. Pero, en ese momento, uno deja de ser el elegido para el servicio y se convierte en uno que elige vivir como quiere y se mezcla con la basura interior.

20. SOBRE EL COMUNISMO Y EL CAPITALISMO

Bergoglio: En la concepción inmanente del sistema comunista, todo aquello que es trascendente y marca una esperanza más allá, paraliza el quehacer del acá. Por lo tanto, al paralizar al hombre es un opio que lo hace conformista, lo hace aguantar, no lo deja progresar. Pero no es una concepción única del sistema comunista. El sistema capitalista también tiene su perversión espiritual: domesticar la religión. La domestica para que no moleste tanto, la mundaniza. Se da cierta trascendencia, pero un poquito nomás. En los dos sistemas antagónicos puede haber una concepción de opio, el comunista porque quiere que todo el trabajo sea para el progreso del hombre, concepción que ya venía de Nietzsche. Y el capitalista porque tolera una especie de trascendencia domesticada que se manifiesta en el espíritu mundano. Para los religiosos un acto de adoración a Dios significa someterse a su voluntad, a su justicia, a su ley, a su inspiración profética. En cambio, para el mundano, quien manipula la religión, es ni muy muy, ni tan tan. Algo así como: "Portate bien, hacé algunas fechorías pero no tantas". Serían buenos modales y malas costumbres: civilización del consumismo, del hedonismo, del arreglo político entre las potencias o sectores políticos, el reino del dinero. Son todas manifestaciones de mundanidad.

Skorka: Cuando analizo la frase de Marx que dice que la religión es el opio de los pueblos, o cuando leo que Nietzsche asegura que a Dios lo ha matado el hombre, intento suponer que se trata de gente muy inteligente como para no darse cuenta de la importancia que tiene la búsqueda real de Dios. Yo los reinterpreto desde dos perspectivas. Una acerca de lo que usted acaba de decir: a Marx no le interesaba Dios, le interesaba el aquí y ahora. No tenía una proyección de trascendencia espiritual en sus escritos. Pensaba que todo se iba a arreglar con un orden socioeconómico más justo. La otra interpretación sería, paralela a ésta, una crítica a instituciones religiosas carentes de suficiente espiritualidad. Tanto la Iglesia de su tiempo al igual que los otros credos, carecieron de vuelo. Cuando se expandió el cristianismo, hubo una crisis religiosa de búsqueda de valores. Si no, no se puede entender cómo en tan poco tiempo hubo una expansión tan grande. El cristiano religioso dirá que el acontecimiento de Jesús fue de un impacto tan fuerte que conmovió el mundo y muchos inmediatamente lo aceptaron. Aun así, con esa misma perspectiva, desde el punto de vista histórico había un campo propicio para que se diera ese impacto: el mundo pagano, que estaba sucumbiendo, y una necesidad de espiritualidad. El cristianismo fue la respuesta para aquella búsqueda. Algo similar, pero a la inversa, ocurría en los tiempos de Marx: los credos no daban una respuesta a las ansias espirituales de aquel momento, y por eso escribió lo que escribió. Creo que todas sus rebeldías se generaban porque, tal vez, buscaba —justamente— una espiritualidad muy grande. Considero que el mundo de hoy, por otro lado, también enajena a Dios.

Hay muchas corrientes religiosas que lo hacen. Dicen: "Vos hacé esto y tendrás lo bueno. Tendrás un gran mundo venidero". El fenómeno religioso es mucho más profundo, no tiene la certeza científica de un laboratorio. Es una cuestión de fe que debe ser analizada con muchísimo cuidado y recreada perennemente.

Bergoglio: A veces se dice que la religión promete una vida mejor si se soporta hoy más de lo que la dignidad humana debería permitir. El hecho de una recompensa ulterior no exime al hombre de la obligación de luchar por los derechos personales, sociales, éticos, de la patria, de la humanidad. Si una persona aguanta sin luchar por sus derechos pensando en el Paraíso, efectivamente está bajo los efectos del opio. Los pueblos que han sufrido persecuciones y destrucciones —como los tres grandes genocidios del siglo pasado: armenios, judíos y ucranianos— lucharon, en su mayoría, por la liberación. Puede ser que algunos hayan sentido que no tenían la fuerza suficiente y se hayan encomendado a Dios sin hacer lo que tenían que hacer. La doctrina católica dice que las cosas humanas tienen su autonomía, que Dios se las ha dado, y uno no puede eximirse de progresar remitiéndose al Paraíso. Uno tiene que luchar por el progreso en todo sentido: el progreso moral, el científico, el educativo, el laboral. Y hay que luchar para no opiarse.

Skorka: Como dice el libro de Salmos:[48] "Los cielos son los cielos del Señor, y la Tierra se la dio a los hombres". Hay que tratar de vivir siempre en equilibrio; donde nos zafamos de ese equilibrio, perdemos.

Bergoglio: Nosotros heredamos del judaísmo la misma concepción. El pueblo judío no esperó mansamente la libera-

---

[48] 115:16.

ción de Egipto. Se dejó conducir por el Señor con viveza y con guerra. Tomó posesión de toda la Transjordania con guerra y, cuando los helenistas quisieron reprimir, los macabeos hicieron una guerra de guerrillas. Logró la liberación haciendo lo que tenía que hacer y, a la vez, oraba. En una ocasión, cuando ya tenían todo armado, con miedo por la inferioridad de sus tropas, el profeta le dice: "Calma, porque ésta es mi guerra, es guerra de Dios". Sólo en algunos momentos en que debían pelear, Dios los eximió. A veces, Dios exime del esfuerzo para demostrar su grandeza. Lo ordinario es que diga: "Yo te acompaño y peleá". Así estaba Moisés, con las dos manos en alto pidiendo mientras el pueblo peleaba.

Skorka: Hay una enseñanza en el Talmud[49] que dice que es mejor una hora de constricción, de arrepentimiento, de retorno a Dios y de acciones de bondad en este mundo que toda la vida en el mundo venidero. Y es mejor una hora de calma y espiritualidad en el mundo venidero que toda esta vida. En conclusión, todo es importantísimo. Sacrificar la realidad terrenal por el mundo venidero no es correcto. Dice también en el mismo tratado talmúdico:[50] "La paga que reciben los justos por su obrar, será en una realidad futura". Que me hace recordar el "Bienaventurados los pobres porque de ellos será el reino de los cielos". De aquí no se deduce necesariamente que se deba vivir en el abandono y la pobreza, pues es la senda a la vida eterna. El vocablo *pobre* lo interpreto en el sentido de que no es necesario el acopio de fortunas para lograr la trascendencia, pues ésta sólo se alcanza mediante el justo obrar. El mandato de Dios al hombre, según el relato del Génesis, es "dominar el mundo", que interpreto

---

[49] Avot: 4:17.
[50] 2:16.

como vivir plenamente en él. Tampoco es un ideal judaico un ascetismo que demanda el renunciamiento a los bellos placeres mundanos que condicen con lo ético, mientras se obre con rectitud, justicia, espiritualidad. En el Talmud[51] hay una afirmación que dice que en un futuro el hombre tendrá que dar explicaciones por todos los bellos frutos que vio y no probó. El ideal judío no es un mundo de sometimiento y de restricciones. Obrar con equidad y bondad, como dice el Deuteronomio,[52] para vivir en plenitud aquí y allí.

---

[51] Jerosolimitano, Kidushin, capítulo 4, página 66, columna 2, Halajá 12.
[52] 6:18.

21. SOBRE LA GLOBALIZACIÓN

Bergoglio: Si concebimos la globalización como una bola de billar, se anulan las virtudes ricas de cada cultura. La verdadera globalización que tenemos que defender es como la figura de un poliedro, donde todos se integran, pero cada cual mantiene su peculiaridad que, a su vez, va enriqueciendo a las otras.

Skorka: Cuando pienso en la globalización, lo primero que me sale es una mirada ingenua. Por ejemplo, me parece bien que uno pueda ir a cualquier país y orientarse en los aeropuertos porque comparten el mismo código. En ese sentido, me parece bárbara la globalización. Pero lo que a mí me cuesta entender es cómo, de repente, grupos de música de los Estados Unidos pueden hacer furor en Budapest. Ante estos fenómenos, surgieron movimientos de acentuación de la identidad propia, se dio también en el judaísmo, en el cristianismo y en el Islam. La interacción internacional entre empresas no me parece mal, si bien tienen que existir reglas que las limiten para que no haya una gran parte de la sociedad excluida. Es bueno que el mundo interaccione pero con ciertas normas que eviten un materialismo destructivo.

Creo que tiene que existir una interacción entre los pueblos, donde cada uno mantenga su identidad y la profundice. Un pueblo inteligente sabe tener confianza en su propio ser, mira lo que hace el otro, y puede decir qué le gusta y qué no. Es lo que pasó con los judíos ante la invasión de Alejandro: el Talmud está lleno de conceptos griegos, grecolatinos, porque uno no puede quedarse indiferente ante los reales logros del otro. Si uno cree profundamente en lo propio, puede entrar en un diálogo profundo con el otro; así entiendo yo la globalización cultural. Pero cuando en los países no hay confianza en sí mismos, cuando no tienen normativas claras, cuando no hay consideración al prójimo, cuando existe la explotación del hombre por el hombre, lo que aparece es toda esta fiesta de movimientos de capital que hubo en los últimos tiempos.

Bergoglio: La globalización que uniforma es esencialmente imperialista e instrumentalmente liberal, pero no es humana. En última instancia es una manera de esclavizar a los pueblos. Como dije antes, hay que salvaguardar la diversidad en la unidad armónica de la humanidad. Usted mencionó algunas cosas buenas del espíritu de la globalización, que ayudan a entendernos mejor, pero si se dan otras características anulan a los pueblos. Aquí se suele hablar de "crisol de razas". Si se lo hace en un sentido poético, está bien. Pero si se lo hace en el sentido de fusionar los pueblos, algo está mal: un pueblo tiene que mantener su identidad y, a la vez, integrarse armoniosamente con los demás.

Skorka: Aquellos que en la Argentina hablaban de "crisol de razas" pretendían un argentino modelo, cada uno debía quitarse su piel y transformarse. No deseaban una interacción superadora. Eran extremistas.

Bergoglio: Fundamentalistas. Un tema que caracteriza nuestra historia es la capacidad de mestizaje que tuvo la Argentina. Eso demuestra cierta universalidad y respeto a la identidad del otro. Creo que en Latinoamérica —junto con Uruguay, el sur de Brasil y parte de Chile— es donde más se dio el mestizaje, en el sentido bueno y rico de la palabra, donde primó el encuentro de culturas, no la fusión. Me gusta cuando en las fiestas aparecen las diversas colectividades. Por eso creo que el gobierno acertó con la organización del Bicentenario, dando lugar a todas las colectividades, mostrando plurifacetismo.

22. SOBRE EL DINERO

Bergoglio: El cristianismo condena con la misma fuerza tanto al comunismo como al capitalismo salvaje. Existe una propiedad privada, pero con la obligación de socializarla en parámetros justos. Un ejemplo claro de lo que sucede es lo que pasa con el dinero que fuga al exterior. El dinero también tiene patria, y aquel que explota una industria en el país y se lleva el dinero para guardarlo afuera está pecando. Porque no honra con ese dinero al país que le da la riqueza, al pueblo que trabaja para generar esa riqueza.

Skorka: La Biblia presenta un plan económico desarrollado en el libro de Levítico.[53] Según dice, cada uno tenía su parcela. Si uno no la podía trabajar, la podía arrendar. Pero la ley trataba de asegurar que cada uno tuviese su propiedad inalienable que le permitiera tener los medios para vivir con dignidad. Indudablemente, la experiencia de la historia nos muestra que el hombre necesita un incentivo para su trabajo. Hay que ver por qué fracasó la Unión Soviética,

---

[53] 25.

amén de que había una clase que seguía manteniéndose en el poder y vivía con todos los lujos, mientras gran parte de la población vivía en condiciones paupérrimas. La abolición de la propiedad privada seguramente fue otro de los factores gravitantes en su fracaso. Hubo un experimento en el siglo XX, muy exitoso, que fueron los *kibutzim*,[54] las colonias agrícolas organizadas con el sistema socialista que fueron una de las columnas vertebrales que permitieron la creación y el crecimiento del Estado de Israel. Pero hoy en día ya no representan el eje de la economía israelí y buscan las formas de desarrollo socioeconómico para su subsistencia. La idea de propiedad privada dentro de una justa distribución y redistribución de la riqueza parece ser la senda. Retornamos a la ley, sugerencia de orden social, que propone el Levítico. Por otra parte, cuando a aquellos que desarrollan los esquemas económicos de una sociedad lo único que les importa es el "Dios Dinero", el "Dios Consumo", y dejan de ver al hombre como cuestión última, esencial, se llega al capitalismo salvaje. En la medida en que el capital sirva para ayudar al hombre, bienvenido sea, pero, si no, se deben implementar las correcciones necesarias a fin de diseñar un orden social más justo.

Bergoglio: De ahí la importancia que tiene entre nosotros el concepto de deuda social. En todo usufructo, hay que considerar la dimensión de deuda social.

Skorka: A mis alumnos les enseño a no rendirle pleitesía a aquel que tiene muchas posesiones y muestra una actitud de soberbia, al que tiene el dinero y piensa que por ende tiene el poder. Por supuesto, cuando se organiza una comunidad, para construirla, se necesita de gente pudiente, pero el dinero debe ser bienhabido. No es verdad que el dinero

---

[54] Granjas colectivas.

no tiene nombre. Con el dinero manchado de sangre no se puede construir espiritualidad.

Bergoglio: Hay un dicho de un predicador de los primeros siglos del cristianismo que dice que detrás de una gran fortuna siempre hay un crimen. No creo que siempre sea verdad. Comparto lo que dice, Rabino: algunos creen que por dar una donación lavan su conciencia. Pero, en el diálogo pastoral, la conciencia se lava de otra manera. A veces pregunto al que se confiesa si da limosna a los mendigos. Cuando me dicen que sí, sigo preguntando: "¿Y mira a los ojos al que le da limosna, le toca la mano?" Y ahí empiezan a enredarse, porque muchos le tiran la moneda y voltean la cabeza. Son actitudes, gestos. O sos solidario con tu pueblo o vivís de tu dinero mal habido. Nosotros tenemos el séptimo mandamiento, no robarás. Está aquel que tiene dinero mal habido y quiere restituirlo con una obra de beneficencia. Jamás acepto una restitución si no hay un cambio de conducta, un arrepentimiento que me conste. Si no, lava la conciencia pero después sigue la farra. Una vez a un dirigente religioso lo acusaban de recibir dinero del narcotráfico y él decía que usaba el dinero para el bien y no preguntaba de dónde venía. Eso está mal. El dinero manchado con sangre no se puede aceptar. La relación entre la religión y el dinero nunca ha sido fácil. Siempre se habla del oro del Vaticano, pero eso es un museo. También hay que distinguir el museo de la religión. Una religión necesita dinero para manejar sus obras, y eso se hace a través de instituciones bancarias, no es ilícito. El tema es el uso que uno hace del dinero que recibe en calidad de limosna o contribuciones. El balance vaticano es público, siempre da déficit: lo que entra en donaciones o por visitas a museos va a leprosarios, a escuelas, a comunidades africanas, asiáticas, americanas.

Skorka: Crear una institución perfecta, aun religiosa, es imposible. Porque los hombres son imperfectos. Siempre detrás de un hombre hay conflictos y hay sacerdotes, curas, pastores, rabinos que ingresan en las instituciones religiosas por distintas razones; puede ser para desarrollarse o porque les sirve de contención, pero en determinados momentos se descarrilan. No todos los eclesiásticos tienen una conducta intachable. Pero eso no debe invalidar la esencia. Que haya uno descarriado no permite inferir que todo es hipocresía. Hay que separar la paja del trigo. Lo que pasa es que a la religión se le exige más porque en su esencia está la moral. Cada hombre que se dice de fe y realiza actos reñidos con la moral es doblemente culpable, lo mismo que el juez que no dicta justicia. Porque destruye el concepto de justicia entre sus compatriotas. Cuando en los años oscuros los que estuvieron a cargo de luchar contra la guerrilla lo hicieron dejando de lado la justicia y se descarriaron totalmente, fueron doblemente culpables. Porque el daño que le hicieron a la Argentina es terrible, amén del que provocaron en el seno de tantas familias. Lo mismo con un político que hace algo incorrecto, es doblemente culpable. Porque tiene la obligación de constituirse en un paradigma.

Bergoglio: Lo peor que le puede pasar a un religioso es una doble vida, sea rabino, cura o pastor. En una persona común, puede suceder que tenga su hogar acá y su nidito allá y que no parezca tan condenable, pero en un hombre religioso es absolutamente condenable. Juan Pablo II fue terminante en eso, con el lío del Banco Ambrosiano[55] ordenó que se pague todo.

---

[55] El Banco Ambrosiano era una entidad financiera italiana fundada en 1896 y que se derrumbó en 1982. En el centro de la quiebra se hallaba su presidente, Roberto Calvi, perteneciente a la logia masónica ilegal Propaganda Dos (conocida más comúnmente como "P2"). El Banco del Vaticano era el accionista principal del Banco Ambrosiano.

23. SOBRE LA POBREZA

Skorka: Las religiones tienen una obligación total y absoluta con la pobreza. La Torá, en múltiples oportunidades, contiene preceptos que dicen, de manera imperativa, que hay que ayudar al necesitado. El clamor de los profetas —especialmente de aquellos que denominamos "profetas del libro": Oséas, Amós, Miqueas e Isaías— señala que uno de los pilares de su prédica es el compromiso directo con los necesitados. La manera en que se honra a Dios es creando una sociedad de justicia, y eso implica construir una comunidad en la que todos puedan vivir dignamente. Una de las tesis básicas que aparecen en las sagradas escrituras es que no puede haber una estructura de sociedad, de pueblo, de nación —y agregaría de Estado— que no tenga un fuerte componente ético y un compromiso con todos los estratos sociales. La obligación de ayudar a la viuda y al huérfano se repite una y otra vez en la literatura bíblica. En la tradición de vida judía siempre hubo sociedades de ayuda para aquellos necesitaron un plato de comida. En la Argentina, es muy conocida la labor de asistencia social que desarrolla la AMIA[56] junto a muchas otras

---

[56] Asociación Mutual Israelita Argentina.

instituciones judías. Siempre hubo un compromiso para con los necesitados. Toda la literatura bíblica sobre la posesión de las tierras tiende a garantizar que no haya latifundios, que cada familia tenga una parcela para su subsistencia y, a su vez, fija reglas de explotación de manera que la tierra sea preservada. Cada parcela, según la Torá, se debe cultivar seis años, y el séptimo debe dejársela descansar para que recupere sus nutrientes. Yendo particularmente a la Argentina, en los momentos de crisis siempre se reaccionó para ayudar a los necesitados. Hay una cultura de solidaridad con el necesitado muy arraigada en muchos componentes de nuestra sociedad. Me acuerdo que cuando cursaba en la escuela primaria se produjeron grandes inundaciones y yo llevaba frazadas o paquetes de ropa para los afectados. En mi familia, que no era muy pudiente, estaba totalmente incorporada esa acción solidaria. Desde nuestra comunidad hay una historia de ayuda tanto a judíos como a no judíos. En mi sinagoga, Bnei Tikva, reunimos ropa para enviarla a escuelas de Santiago del Estero, del Chaco, de Pampa del Infierno. Es desgarrador porque estamos dando alguna respuesta mientras que el gran país no responde. No puede ser que haya chicos que no puedan ir al colegio, que no tengan zapatos para llegar. Nosotros no hacemos magia, hacemos lo que podemos pero tenemos un mandato bíblico que dice que un hombre no puede desentenderse de su hermano... Y quisiera agregar algo más, diría que en todas las luchas que conocemos en Occidente por la libertad del hombre, por la igualdad, siempre hubo un gran compromiso judío. Por ejemplo, cuando se dio la Revolución Rusa, los judíos tenían un gran interés en ella porque pertenecían a una clase explotada. Pensaban que a través de la revuelta iba a llegar la solución a todas sus penurias como judíos. Pero no vayamos tan lejos: el porcentaje de judíos que en la Argentina actuó, por idealismo, en los movimientos de liberación social en los setenta, fue mucho más alto que la proporción de judíos que hay en la sociedad en general. En el Partido Comunista, en el Partido Socialista y en todos aquellos movimientos que llevaban adelante las reivindicaciones de las clases bajas siempre hubo judíos involucrados y comprometidos. Aun en el judío que es ateo persiste ese mandato ancestral de no pelear sólo por su bienestar; si hay otro que lo está pasando mal, también hay que luchar por él. Aunque yo esté bien, no me alcanza si hay otros que no lo están: todos debemos vivir con dignidad.

Bergoglio: En el cristianismo tomamos ese versículo —herencia judía— de Isaías:[57] "No te desentiendas de la carne de tu hermano". La clave está en la parábola del Juicio Final, cuando el rey pone unos a la derecha y otros a la izquierda (los buenos y los malos). A los de la derecha les dice: "Vengan, benditos del padre, porque tuve hambre y me dieron de comer; tuve sed y me dieron de beber; estaba desnudo y me vistieron; estaba enfermo y me visitaron". Ellos le preguntan cuándo hicieron eso y él les contesta que, cada vez que lo hicieron con alguno de los pequeños de su reino, lo hicieron con él. A los otros, los que no lo hicieron, los condena. En el cristianismo, la actitud frente a la pobreza y al pobre es —esencialmente— de real compromiso. Y añado algo más: ese compromiso tiene que ser cuerpo a cuerpo. No alcanza con que sólo esté mediatizada por las instituciones, que sirve porque tiene efecto multiplicador pero no es suficiente, no exime de la obligación de establecer contacto con el necesitado. Hay que cuidar al enfermo —aun cuando genere rechazo, repugnancia—, se debe visitar al preso... A mí me cuesta

---

[57] 58:7.

horrores ir a una cárcel porque es muy duro lo que se ve allí. Pero voy igual, porque el Señor quiere que esté cuerpo a cuerpo con el necesitado, con el pobre, con el doliente. La primera atención a la pobreza es de tipo asistencial: "¿Tenés hambre? Tomá, acá tenés algo para comer". Pero la ayuda no debe quedarse ahí, hay que trazar caminos de promoción y de integración a la comunidad. El pobre no tiene que ser un marginado perpetuo. No podemos aceptar que el discurso subyacente sea: "Los que estamos bien le damos algo al que está mal, pero que se quede allí, lejos de nosotros". Eso no es cristiano. Es imprescindible incorporarlo cuanto antes en nuestra comunidad, con educación, con escuelas de artes y oficios... De manera que pueda salir adelante. Esta concepción es la que primó a fines del siglo XIX con las escuelas que creó Don Bosco para todos los chicos indigentes que juntaba en su oratorio. Don Bosco pensaba que no tenía sentido mandarlos al liceo porque no les iba a servir para sus vidas, entonces creó las escuelas de artes y oficios. Algo similar están repitiendo los curas de las villas en Buenos Aires; buscan que, con uno o dos años de aprendizaje, los pibes salgan con una formación que les cambie la vida: electricistas, cocineros, costureros... hay que promover que se ganen el pan. Lo que degrada al pobre es no tener ese óleo que lo unge de dignidad: el trabajo. No hay que hacerle asco al pobre, hay que mirarlo a los ojos. A veces resulta incómodo, pero debemos hacernos cargo de lo que estamos viviendo. El gran peligro —o la gran tentación— en la asistencia a los pobres reside en caer en el paternalismo protector, que en última instancia no los deja crecer. La obligación del cristiano es integrar al más desposeído en la misma comunidad, como se pueda, pero integrarlo de alguna manera.

Skorka: Después de escuchar todo lo que usted dijo, enfatizaría algo interesante: la idea de integrar es un eco del mensaje de la Torá. Todos tienen que estar incluidos. Nosotros también creamos escuelas con el propósito de ayudar a la gente. En Rusia nacieron las escuelas ORT, que precisamente en sus inicios eran de artes y oficios. Ahora, a lo mejor, cambió un poco, pero cuando surgieron eran para los pobres. Si bien hoy tal vez no sea una escuela para todos, sino más bien para una clase media, el mensaje subyacente sigue siendo que el trabajo dignifica: te prepara para encarar la vida por medio de una profesión.

Bergoglio: La caridad cristiana es el amor a Dios y al prójimo. Puede empezar con la asistencia, pero no se puede quedar en la organización de tés canasta. Hay testimonios que se dicen obras de caridad y, en verdad, son desahogos sociales. Este tipo de acciones las realizan para sentirse bien ellos mismos, pero el amor siempre supone salirse de uno, despojarse de sí. La persona amada requiere que yo me ponga a su servicio. Pero hay caricaturas de la caridad, ¿le conté la anécdota del Rolex de oro?

Skorka: No.

Bergoglio: Una vez, cuando ya era obispo, me mandaron la invitación para una cena de beneficencia de Cáritas. En las mesas estaba, como se dice, lo mejor de la crema. Yo decidí no ir. Ese día estuvo invitado quien entonces era presidente. En esa reunión se remataban cosas y, tras el primer plato, se subastó un Rolex de oro. Una verdadera vergüenza, una humillación, un mal uso de la caridad. Era buscar a quién iba a hacer vanidad con ese reloj para darles de comer a los pobres. Por suerte, en Cáritas ya no se hacen más ese tipo de cosas. Hoy acompaña de manera continua la promoción de escuelas, cuenta con casas de albergue para madres solas y personas en situación de calle, con una panadería ubicada en Uruguay y Rivadavia, donde también se venden las artesanías que hacen los chicos de las escuelas de artes y oficios.

Es la promoción del pobre por el pobre mismo. A veces se hacen en nombre de la caridad acciones que no son caritativas, son como caricaturas de una buena intención. No hay caridad sin amor y si en el acto de ayudar al necesitado crece la vanidad, no hay amor, se está fingiendo.

Skorka: Interpreto la caridad como la ayuda que es imperioso extender de manera rápida, inmediata, al necesitado. Pero en el léxico bíblico hay otro concepto que refiere a la ayuda a los necesitados: *tzedaká*. Los rabinos lo interpretan como el impuesto que debe pagarse para ayudar a los menesterosos. Es un vocablo que posee la misma raíz que *tzedek*, que significa "justicia". De aquí parece desprenderse la idea de que toda sociedad en la cual hay menesterosos es intrínsecamente injusta, y mediante la *tzedaká* se trata de corregir —en parte— esa falencia. El otro concepto que hallamos en la literatura talmúdica es el de *guemilut jasadim*, que puede traducirse como "proferir piedad". Refiere a la ayuda que se le otorga al prójimo, ya sea con dinero o acciones, ya fuese un pudiente o un menesteroso, un vivo o un muerto, ocupándose de dar sepultura a este último. Todo acto de *tzedaká* debe acompañarse con piedad. Creo que la caridad cristiana fusiona directamente ambos conceptos.

Bergoglio: El concepto de *guemilut jasadim* me hizo acordar a la parábola del buen samaritano, cuando Jesús pregunta quién se comportó como un prójimo y responden: "El que tuvo piedad de él, el que se conmovió". El segundo concepto que mencionó, el que se vincula con la justicia, se fue elaborando en el cristianismo a partir de la Doctrina Social de la Iglesia. Llevó mucho tiempo incorporar el concepto de justicia social; hoy ya se acepta en todas partes. Cuando uno toma el manual de la Doctrina Social de la Iglesia queda admirado de las denuncias que hay. Por ejemplo, la condena al liberalismo económico. Todos piensan que la Iglesia está en contra del comunismo; pero está tan en contra de ese sistema como del liberalismo económico de hoy, salvaje. Eso tampoco es cristianismo, no podemos aceptarlo. Tenemos que buscar la igualdad de oportunidades y de derechos, bregar por beneficios sociales, jubilación digna, vacaciones, descanso, libertad de agremiación. Todas esas cuestiones hacen a la justicia social. No debe haber desposeídos y no hay peor desposesión —quiero destacarlo— que no poder ganarse el pan, que no tener la dignidad del trabajo. Hay una anécdota que tal vez clarifica la conciencia de la Iglesia en este tema: cuando en una de las tantas persecuciones, a Lorenzo, diácono de Roma, el emperador le exigió que en poco tiempo le llevara los tesoros de la Iglesia, él concurrió a la cita un par de días después con un grupo de pobres y dijo: "Éstos son los tesoros de la Iglesia". Ése es el paradigma que tenemos que cuidar, porque cada vez que nos apartamos de él —sea como institución general o como pequeña comunidad— estamos renegando de nuestra esencia. Nosotros nos gloriamos en la debilidad de nuestro pueblo, al cual ayudamos a salir adelante. Los pobres son el tesoro de la Iglesia y hay que cuidarlos; y si no tenemos esta visión, construiremos una Iglesia mediocre, tibia, sin fuerza. Nuestro verdadero poder tiene que ser el servicio. No se puede adorar a Dios si nuestro espíritu no contiene al necesitado. Creo que esto lo compartimos.

Skorka: Totalmente. Cuando el judío llegaba con los primeros frutos al templo de Jerusalén, le iba a agradecer a Dios por ellos. Como dice el libro del Deuteronomio, en su capítulo 26, en ese momento había que decir: "Mi padre era un arameo perdido y tuvo que descender a Egipto porque sufría hambre". Esas palabras recuerdan la pobreza. Hoy mismo, judíos y cristianos compartimos el trabajo con los pobres. Existe una cooperación profunda entre el padre

163

Pepe y el rabino Avruj, que trabajan en las villas. Si bien los rabinos tenemos mucho trabajo en nuestras comunidades, dedicamos parte de nuestro tiempo a ayudar a los necesitados que vienen a golpear nuestra puerta. Por ahí no somos tantos ni tenemos una organización tan grande como para ir a buscar a los que precisan ayuda o tener mayor presencia en las villas o asentamientos. Cuando un rabino va a ayudar a las villas, no se trata de una acción exclusiva para los judíos. No hay proselitismo, sólo el compromiso real de ayudar al prójimo. Lo que no tenemos —no somos muchos— es gente que pueda comprometerse sistemáticamente con una ayuda profunda en las villas. Hay una cuestión demográfica que influye mucho. Una cosa es que un sacerdote levante una iglesia, porque el noventa por ciento de los habitantes de esas barriadas son cristianos, y otra, levantar un templo judío, porque su presencia no es tan masiva.

Bergoglio: En términos históricos, los curas villeros son un fenómeno relativamente reciente en la Argentina. Habrá empezado hace unos cuarenta años y le costó imponerse porque para la estructura jerárquica de la Iglesia era una novedad. También es verdad que fue necesario depurar lo religioso de lo político, porque a veces estaban unidos inadecuadamente los dos aspectos y generaba desconfianza. En la medida en que los curas que estaban en ese trabajo pudieron elaborar mejor su pertenencia a la Iglesia, a través de la piedad popular, provocaron una actitud de mayor acercamiento y comprensión de la jerarquía. En este momento, en todo caso, al arzobispo de Buenos Aires lo acusan de tener preferencia por los curas de las villas. Éste no es un fenómeno nuevo: en el norte de Italia, en el reino de Cerdeña, Don Bosco trabajaba con los humildes y también provocaba desconfianza en los obispos. Don Cafasso y Don Orione, ni qué hablar. Eran tipos vanguardistas en el trabajo con los necesitados. De alguna manera obligaron a algún cambio en las autoridades. Aquí, los curas villeros también determinaron un cambio en la mentalidad y en la conducta de las comunidades eclesiales.

24. SOBRE EL HOLOCAUSTO

Skorka: El tema de la Shoá[58] es enorme. Hay una pregunta frecuente —¿dónde estaba Dios en el Holocausto?— que se debe formular con mucho cuidado. Porque por un lado nos gusta decir que somos seres que tenemos libre albedrío y cuando no nos conviene le preguntamos al Señor dónde está que no hace nada, ante la barbarie humana. ¿Dónde estuvo Dios en la Shoá? Creo que existen preguntas que no tienen respuestas. Hay cosas que no podemos entender de ninguna manera; queda claro que, antes que preguntar a Dios dónde estuvo en la Shoá, debe cuestionarse dónde estuvieron los hombres, tanto los que actuaron por acción así como los que inmisericordiosa y mezquinamente actuaron por omisión. Los que asesinaron y los que miraban para otro lado. La Shoá no fue el resultado de una cólera circunstancial, sino un plan perfectamente concebido dentro de la cultura europea para exterminar a todo un pueblo por el mero hecho de ser judío.

---

[58] Palabra hebrea que significa "devastación" y es utilizada para nombrar el Holocausto.

Bergoglio: Esa pregunta sobre Dios no es nueva. Recuerdo que una vez —yo tendría doce o trece años— íbamos a ir a un casamiento con mi familia y la madre de uno de los novios murió un rato antes de un infarto, tal vez por la emoción. Salimos corriendo para la casa de esta mujer y, cuando llegamos, nos cruzó el yerno y masculló: "Y dicen que Dios existe". El cristianismo también vivió momentos de calamidad, de persecución. Coincido en que hay preguntas que no tienen respuesta. Nosotros queremos que nos contente una explicación, como los chicos en la edad de los porqués. Los pibes no escuchan la respuesta y ya formulan una nueva pregunta, lo que quieren es que el padre centre su mirada en ellos. Con respecto a la otra pregunta que usted mencionó —¿dónde estuvo el hombre?—, ése es el mentís más grande a la solidaridad humana de ese momento. Las grandes potencias se lavaron las manos, miraron para otro lado, porque sabían mucho más de lo que decían, así como se lavaron las manos en el genocidio de los armenios. En aquel entonces el Imperio Otomano estaba fuerte, el mundo vivía en la guerra del 14 y miraba para otro lado. La Shoá es un genocidio, como los otros del siglo XX, pero tiene una particularidad. No quisiera decir que éste es de primera relevancia y los otros de segunda, pero hay una particularidad, una construcción idolátrica contra el pueblo judío. La raza pura, el ser superior, son los ídolos sobre la base de los que se conformó el nazismo. No es sólo un problema geopolítico, existe también una cuestión religiosa-cultural. Y cada judío que se mataba era una bofetada al Dios vivo en nombre de los ídolos. Hace poco leí —me costó porque me daba náuseas— un libro prologado por Primo Levi que se llama *Yo, comandante de Auschwitz*, de Rudolf Höss, un coordinador de ese campo de exterminio que escribió sus memorias estando preso. La frialdad con la que este hombre describe lo que allí pasó demuestra lo demoníaco del asunto. El Demonio se presentó en ídolos que tranquilizaban la conciencia humana.

Skorka: Usted tocó un punto sensible, tal vez el más profundo de la Shoá. Hace poco apareció la noticia de una declaración del arzobispo de Cracovia diciendo que los judíos se apropiaron de la Shoá y que subestimaban que hubo otros pueblos dañados. Hay gente que argumenta que los judíos con sus seis millones de asesinados no son más que una mera parte entre cincuenta millones de víctimas que dejó la Segunda Guerra Mundial. Pero el punto es que los judíos no murieron por razones políticas, no formaban parte de un ejército en combate. Ninguna de esas razones hubieran sido justificables y también serían abominables, lo que se trató en la Shoá es de exterminar a un pueblo por su mera condición de tal, por su cultura, por su fe. Quizá, los asesinos pretendieron desafiar al Dios de Israel. Tal vez por eso a la masacre se la denominó Holocausto (*holo*, que significa "sacrificio", y *causto* que quiere decir "fuego": sacrificio que va al fuego). Quien puso ese nombre, probablemente, consideró aquel crimen un sacrificio del pueblo de Israel a las deidades paganas erigidas por el nazismo. En hebreo se denomina Shoá, un término bíblico que significa "devastación", para que quede claro de qué se trató. Fue una devastación de los humanos ejecutada por humanos. En Polonia hubo muchísimas víctimas de la guerra, pero no fue lo mismo que las de la Shoá. Porque en los campos de concentración había polacos, letones, lituanos, ucranianos que sacaron lo peor de sí y se asociaron a la destrucción, a la devastación del pueblo judío. Los nazis trataron de borrar la concepción judeocristiana de la vida. Existe una obra de Marc Chagall que muestra a Jesús crucificado y cubierto por un *talit*.[59] Se ve también un candela-

---

[59] Manto ritual de oración del pueblo judío.

bro que arde a sus pies y escenas de violencia a su alrededor: sinagogas incendiadas, ancianos judíos que huyen intentando salvar los rollos sagrados, mujeres y niños llenos de espanto que escapan. Siempre digo que en los campos de la muerte no sólo asesinaron a seis millones de judíos, sino que asesinaron seis millones de veces a Jesús. Porque mucho de la concepción y el mensaje de Jesús es judío, pues llevaba el mensaje de los profetas.

Bergoglio: Ésa es una creencia muy cristiana: en cada sufriente está Jesús. Completamos en nuestro sufrimiento lo que falta en la pasión de Cristo.

Skorka: También es un pensamiento talmúdico. En el tratado de Sanhedrín dice, cuando se analiza el tema de la pena de muerte, que aun al punir con pena de muerte al trasgresor, Dios mismo está sufriendo junto a él.[60] Aun en el momento del castigo, Dios está con él. Coincido profundamente con usted.

Bergoglio: En ese libro que recién comenté, descubrí cosas terribles. A los judíos les sacaban los dientes, les cortaban el pelo y llegaban al extremo de seleccionar a otros judíos para que se hicieran cargo de esas tareas. Los llevaban a la apostasía, era una forma de trasladarles la culpa. Un detalle satánico: ya no tenían la culpa los nazis sino los propios judíos. Es impresionante la sutileza y el odio que hay detrás de todo eso.

Skorka: Monseñor, ¿qué opina de cómo actuó la Iglesia en esos años?

Bergoglio: Hace unos años, el cardenal Clemens August von Galen fue beatificado porque enfrentó a los nazis. No sé cómo hizo para salvar su propia vida, fue un obispo muy

---

[60] Mishná Sanhedrín 6:5.

valiente que desde un principio denunció cómo accionaba el nazismo. Pío XI hablaba perfectamente alemán y en ese idioma escribió una encíclica que si uno la revisa hoy no perdió actualidad. Es la que comienza diciendo: "Con ardiente preocupación..." Al principio quizás hubo algún obispo un poco más ingenuo, que no creía que la situación fuera para tanto. Lo mismo pasó en nuestro país, algunos salieron a denunciar enseguida, otros tardaron un poco más, no lo tenían tan claro. El Vaticano, cuando se dio cuenta, empezó el trabajo de darles pasaportes a los judíos. Cuando murió Pío XII, Golda Meir envió una carta reconociendo que había salvado a muchos judíos. La Nunciatura en Italia funciona en una casa en Roma, con un parque, donación de un magnate judío en agradecimiento de la acción de la Iglesia para con ellos. Algunos sobrevivientes fueron después a agradecer al Papa. El Vaticano tiene casas que están fuera de sus límites, en territorio italiano, en las que se escondieron muchos judíos. Estoy hablando de lo positivo. Después, en forma crítica, escuché que la Iglesia no habló todo lo que tendría que haber hablado. Algunos opinan que, si lo hubiera hecho, la reacción habría sido mucho peor y no habría podido salvar a nadie. Para poder resguardar a algunos judíos —dicen—, las declaraciones fueron más cautas. Quién sabe si podríamos haber hecho algo más. Recientemente, historiadores serios, algún jesuita entre ellos, publicaron exhaustivos estudios al respecto reivindicando la acción de la Iglesia.

Skorka: Ésa es la pregunta, monseñor. ¿Podrían haber hecho más? Con respecto a Von Galen, el obispo alemán de Münster, puedo contar una anécdota interesante. El rabino que fundó mi comunidad, Fritz Steinthal, era alemán y sobrevivió a la Noche de Cristal, la madrugada del 9 al 10 de noviembre de 1938 donde destruyeron la mayoría de sinagogas y negocios judíos. Este rabino dejó documentada en sus memorias la gratificación a Von Galen y otros sacerdotes cristianos que, aun arriesgando su vida, salvaron judíos. Ahora, en relación con la actuación del Papa Pío XII en la Shoá, se hace muy difícil emitir una opinión concluyente. Porque hay literatura para un lado y para el otro. Así como está la carta de Golda Meir que usted menciona, hay libros que sostienen que no expresó la respuesta esperada. El Congreso Judío Mundial está pidiendo que se abran los archivos vaticanos. Yo creo que para el bien de todos lo mejor es investigar la historia hasta el final, buscar una y mil veces dónde se cometieron los errores. Es la única forma de no repetirlos. Creo que la autocrítica, cuando corresponde hacerla, es la única forma de seguir adelante. Yo no entiendo las razones teológicas en el análisis de la beatificación de Pío XII, que no discuto que como líder de la Iglesia pudo haber sido muy importante. Mi gran duda existencial a nivel religioso es cómo hizo para callar en el momento que se supo de la Shoá. ¿Por qué no gritó su cólera a los cuatro vientos? Un profeta, ante el más mínimo drama, brama. ¿Qué habría pasado si hubiese bramado? ¿Se habrían despertado conciencias? ¿Se habrían rebelado más soldados alemanes? No estoy afirmando nada, intento ponerme en el lugar de los sufrientes, de aquellos que ya no tienen voz, como si estuviese hablando con ellos, con su dolor. ¿Se puede salvar a algunos dejando abandonados a los otros? De acuerdo con la ley judía, cuando un ejército enemigo rodea una ciudad y exige a un inocente para asesinarlo a cambio de no exterminar al pueblo, todo el pueblo debe dejarse exterminar. No hay derecho a elegir a quién se salva y quién no.

Bergoglio: Lo que usted dijo sobre abrir los archivos de la Shoá me parece perfecto. Que se abran y se aclare todo. Que se vea si se pudo hacer algo, hasta dónde se pudo hacer, y si nos equivocamos en algo tendremos que decir: "Erramos en esto". A eso no hay que tenerle miedo. La verdad tiene que ser el objetivo. Cuando uno empieza a ocultar la verdad, está eliminando la Biblia. En verdad, cree en Dios pero hasta ahí nomás. No se juega entero. No tenemos que olvidarnos, somos pecadores e incapaces de no seguir siéndolo, aunque también es verdad que Dios nos quiere así, nos ama con su misericordia. Pero si yo no reconozco que fui pecador, su misericordia no me llega, no me alcanza. Hay que conocer la verdad e ir a los archivos.

Skorka: Otro tema conflictivo en la relación del Vaticano con el judaísmo fue la decisión de Benedicto XVI que permitió a ciertas comunidades volver a rezar por la conversión de los judíos.

Bergoglio: La oración original, en castellano, era fuerte: "Oremos por los pérfidos judíos…" Aunque en latín, el adjetivo significa "el que no tiene fe", Juan XXIII la borró de un plumazo.

Skorka: Juan XXIII fue el que inició la senda para un mundo de diálogo. Él comienza como nuncio en Turquía, donde salvó muchísimos judíos al otorgarles certificados de bautismo falsos. Cuando asumió como Papa impulsó un cambio muy profundo. En él sí se veía la imagen de un pastor. Juan XXIII fue el que hizo, el que trabajó, el que habló, el que se la jugó. La gran pregunta es si Pío XII se la jugó totalmente, no sólo por los judíos sino por el mundo entero. Daría un paso más, me pregunto si se la jugó por la propia Iglesia. Existen determinados momentos en que si no actuás de una manera especial, ¿cuándo lo vas a hacer? Son las preguntas que me carcomen.

Bergoglio: Escuché muchas veces que Juan XXIII otorgó certificados de bautismo falsos a judíos, pero no lo tengo corroborado.

Skorka: Sí, la fundación Raoul Wallenberg tiene todo documentado. Una de las misiones de esta organización es propagar las acciones de valentía de embajadores y personajes que se la jugaron por los judíos arriesgando la vida. Tal vez, para entender algunas cosas, haya que ver el origen de cada uno esos Papas, la educación que tuvieron. Pío XII fue educado en un contexto vaticanista, su familia estaba ligada a la Santa Sede. Formaba parte de una estructura que creía que mediante la diplomacia se podía llegar a todas partes. Y si algún problema no se podía solucionar con la diplomacia, quería decir que no tenía solución. Roncalli, Juan XXIII, provenía de una familia muy simple, de una aldea, donde todos crecían aprendiendo de la necesidad de cuidar al otro de una manera urgente y pragmática. Todo lo contrario a la diplomacia. Quizá la respuesta al porqué de la diferencia entre ambos haya que buscarla allí.

Bergoglio: Insisto, habría que leer qué dicen los archivos. Si fue un error de visión o qué pasó. No tengo los datos concretos. Hasta ahora las cosas que vi a favor de Pío XII me parecieron fuertes, pero también reconozco que no todos los archivos fueron revisados. Por lo demás, tiene razón: Juan XXIII, hasta el momento de su muerte, siguió siendo campesino. En los momentos de agonía, su hermana continuaba poniéndole en la cabeza paños fríos con vinagre, como hacían en el campo.

Skorka: Pío XII no era muy afecto al diálogo judeocristiano. Más bien era reacio. Después de la Segunda Guerra Mundial, hubo miembros de la Iglesia que bregaban por un cambio en ese sentido. Cuando asumió Juan XXIII comenzó ese cambio. Cuando recibió a la delegación del Congreso Judío Mundial, cuentan que lo hizo extendiendo los brazos y diciendo: "Yo soy vuestro hermano José". Ésa es la frase que José utilizó cuando hizo la paz con sus hermanos. Evidentemente, no siempre fue así. Por distintas razones hubo cierta animosidad manifiesta. Hay libros que documentan cómo, a lo largo de veinte siglos, existió un sentimiento antisemita en las distintas denominaciones cristianas. Hubo sacerdotes que predicaban contra nosotros y hubo otros que mantenían un diálogo real, de profundo respeto. También hubo distintos momentos de la historia donde había gente que venerando crucifijos incitaba a los pueblos a ejecutar *pogroms* y realizar desmanes. Existieron revistas definidas como católicas en la Argentina de los años veinte y treinta que predicaban el odio a los judíos. Ahora, yo creo que la esencia de este libro es quebrar estos círculos viciosos, volver al origen, darse cuenta del parentesco que tenemos. Si uno cree que Dios se corporizó en Jesús y nosotros decimos que no lo hizo porque ningún hombre puede ser una corporización de Dios, esta discrepancia no tiene por qué generar odios ni resentimientos. Alguna vez sabremos la verdad, pero ahora podemos y debemos trabajar juntos. Hay un plafón ético con mucho en común que nos asocia. Se puede hacer tranquilamente un correlato entre lo que dicen los evangelios y las posturas de los sabios del Talmud. Mucho de aquel antisemitismo tuvo que ver con azuzar el odio por razones coyunturales, políticas. En Rusia, por ejemplo, habían matado al zar Alejandro II y se les echó la culpa a los judíos. Se utilizaba a las iglesias, por cuestiones políticas, para manipular a las masas. Indudablemente, éste es un tema probado. La cuestión es retornar al principio. Si los dos queremos lo mismo, un mundo de paz, cada uno tiene que tomar lo mejor de su tradición y remar junto al otro. Nos podemos retroalimentar. La clase inaugural que dio Abraham Jehuda Heschel en el Union Theological Seminary, una institución de los cristianos luteranos de Nueva York, se llamó "Ninguna religión es una isla". No podemos estar quebrados, separados, como hasta la Segunda Guerra Mundial. El mensaje tiene que ser general, para todos, no con la intención de cambiar la identidad del otro sino de acercar y acercarse al otro.

Bergoglio: Hay una frase del Concilio Vaticano II que es clave, dice que Dios se manifiesta a todos los hombres y en primer lugar rescata al pueblo depositario de las promesas. Y como Dios es fiel a sus promesas, no fue rechazado. La Iglesia oficialmente reconoce que el pueblo de Israel sigue siendo depositario de las promesas. En ningún momento dice: "Perdieron el partido, ahora nos toca a nosotros". Es un reconocimiento al pueblo de Israel. Eso, pienso, es lo más corajudo del Concilio Vaticano II sobre el tema. Además, al pueblo judío no se lo puede acusar de deicidio, como sucedió durante mucho tiempo. Cuando uno lee el relato de la pasión, queda claro. Es como si acusaran a todo el pueblo argentino por la gestión de un gobierno dado.

Skorka: En realidad, en aquel momento el gobierno no estaba en manos de los judíos, aquellos que reglaban la vida política eran Poncio Pilatos y los romanos. Sobre la cruz de Jesús aparecía la leyenda INRI,[61] rey de los judíos. Y si era monarca de los judíos, significaba que estaba moviéndole el piso a la autoridad romana. Aparte, la crucifixión no era una pena que aplicaban los judíos cuando se condenaba a alguien a muerte. Es más, en ese momento el Sanhedrín[62] ya no aplicaba penas de muerte. Y aunque fuera todo lo contrario, nunca podrían haberlo ejecutado en Pesaj. Y aun si alguno de los personajes judíos hubiera estado ahí diciendo que no era el hijo de Dios, qué derecho tiene cualquier otra persona, muchas generaciones después, de culpabilizar a los descendientes.

---

[61] Sigla que corresponde a *Iesus Nazarenus Rex Iudaeroum*.

[62] Así se llamaba en el Antiguo Israel a una asamblea o consejo de sabios estructurado en 23 jueces en cada ciudad judía. A su vez, el Gran Sanhedrín era la asamblea o corte suprema de 71 miembros del pueblo de Israel.

Bergoglio: Efectivamente, no se puede hablar de un pueblo deicida. Pero no quería dejar pasar algo que empezamos a hablar. Usted dijo que en la Argentina también hubo —y hay— antisemitismo eclesiástico. No tuve la experiencia de Juan Pablo II que en su curso tenía la mitad de compañeros judíos, pero tengo y tuve amigos judíos. A alguno por ahí lo llamaba "El Ruso", como se usaba mucho cuando éramos chicos. Nunca tuve problemas con ninguno. Sí hubo católicos antisemitas, y ahora también los hay. No con la virulencia de los años treinta, cuando había algunos eclesiásticos en esa línea. Hoy la política de la Iglesia argentina es clara: diálogo interreligioso. Hay que decir que los precursores en esta dirección fueron los cardenales Jorge Mejía y Antonio Quarracino.

Skorka: Mejía trabajó mucho con Marshall Meyer. Juntos fundaron el Instituto Superior de Estudios Religiosos.[63] Y donde está enterrado Quarracino hay un mural con trozos de libros de rezos hebreos salvados de distintos campos de exterminio y otra documentación acerca de la Shoá. Él quiso que esto esté allí, en la Catedral.

Bergoglio: Hubo alguna presión de ciertos grupos para retirar esas cosas y trasladarlas al museo de la Catedral. Pero no hice lugar y quedó en la nada.

---

[63] El Instituto Superior de Estudios Religiosos (ISER) es un ámbito que reúne a religiosos católicos, protestantes y judíos, fundado en 1967, para fomentar la convivencia y comprensión mutua, pero también para analizar la realidad nacional desde una perspectiva teológica. Entre los primeros participantes figuraban los pastores José Migues Bonino, Ricardo Petrantonio, Peter Clarke y Ricardo Couch. También los profesores del seminario católico de Villa Devoto José Barrientos y Jorge Mejía, quien tres décadas después se convirtiera en cardenal, con una destacada participación como funcionario del Vaticano. El gran impulsor de ese espacio, en los primeros tiempos, fue el Rabino Marshall Meyer.

25. SOBRE LOS SETENTA

Skorka: Lo que se cuestiona durante la época del Proceso de Reorganización Nacional es el proceder de la estructura política de la comunidad judía, de la DAIA específicamente. Pero es justamente en esa década cuando comienza a tener un gran peso el Movimiento Conservador y la figura de Marshall Meyer, quien sí salió a defender a los desaparecidos. Él mismo decía que era una lucha solitaria. Se involucró hasta donde pudo; por eso, después, Raúl Alfonsín, cuando fue electo presidente, lo reconoció al invitarlo a formar parte de la Conadep.[64] Marshall nos contaba que, después de horas de testimonios, volvía enfermo de escuchar los horrores que se cometieron. Junto a él, recuerdo, un grupo de rabinos que éramos sus discípulos, íbamos a firmar una solicitada pidiendo la libertad de

---

[64] La Comisión Nacional sobre la Desaparición de Personas fue un organismo creado por el presidente Raúl Alfonsín para investigar las violaciones a los derechos humanos en la última dictadura militar. Su informe final se conoció con el nombre de *Nunca Más*.

Jacobo Timerman,[65] pero la DAIA se oponía y finalmente no se publicó. Es muy difícil juzgar esas actitudes de la dirigencia. Como usted dijo, monseñor, cada hecho hay que analizarlo y juzgarlo sobre la base de la situación que se estaba viviendo en ese momento, de acuerdo con la coyuntura, las circunstancias, la problemática dada. Es muy difícil llegar a acusar a alguien de falta de valor, de falta de hidalguía, de falta de compromiso profundo. Pero cuando, en circunstancias como las del gobierno militar, alguien ocupa un cargo jerárquico en una comunidad y se calla, y permanece en su puesto, merece un análisis crítico. Hay momentos en que te la tenés que jugar o renunciás. Al propio Nehemías Resnizky, entonces presidente de la DAIA, le secuestraron a un hijo. Se habla de algún pacto con las autoridades militares a cambio de su liberación. Aquellos que investigan el tema deberán realizar su análisis para desentrañar la problemática de aquel momento, para saber realmente qué hizo la DAIA y qué dejó de hacer. Yo no quiero prejuzgar, lo que sí digo es que había gente que, teniendo información de lo que pasaba, actuó diferente: Marshall Meyer tuvo una actitud totalmente distinta. Su accionar fue contundente, él no era ciudadano argentino —era norteamericano— pero trajo el clamor de los profetas a nuestro medio. Tenemos los discursos y las prédicas que brindó en el Obelisco, hablando por los derechos humanos en la Argentina, fue una lucha realmente magistral en aquel momento. Marshall Meyer les abría la puerta a todos; hizo —hicimos en aquel momento, siguiendo su lineamiento— un trabajo de contención. Los

---

[65] Director del diario *La Opinión*, secuestrado por la dictadura militar. Más tarde fue expulsado del país.

que estuvimos cerca de él, en aquellos años nefastos, estábamos en mayor o menor medida involucrados. Designó a uno de sus discípulos, Felipe Yafe, para que integrara la Conadep en Córdoba. Yo mismo tenía un programa de televisión —*Dios es mi descanso*— hacia el final de la dictadura, donde hablaba de la importancia de la democracia y de otras cuestiones que no comulgaban con el ideario del régimen. Hay quienes defienden a los líderes de la DAIA de aquel momento, pero también hay verdades insoslayables: la enorme cantidad de familiares sufrientes que critican a la DAIA y, al mismo tiempo, todo lo que Meyer demostró que se podía hacer y las autoridades no hicieron. Sus aciertos ponen en evidencia las falencias de los dirigentes.

Bergoglio: En el caso de la Iglesia católica es más complejo por la histórica relación que mantuvo con el Estado. La Iglesia privilegió, de entrada, realizar gestiones antes que declaraciones públicas. Aunque también las hubo, y al poco tiempo del golpe: en el libro[66] que se editó con motivo de los veinticinco años del documento "Iglesia y comunidad nacional", en el tercer capítulo habla sobre los derechos humanos,[67] y se mencionan las declaraciones ya de mayo de 1976. Hubo obispos que se dieron cuenta enseguida de lo que pasaba, el caso más típico fue el de monseñor Zazpe, que supo que al intendente de Santa Fe lo torturaron salvajemente y se movió con rapidez. Otros que también se dieron cuenta enseguida, y lucharon, fueron hombres muy meritorios como Hesayne, Jorge Novak, Jaime de Nevares. También hubo metodistas, como Aldo Etchegoyen. Era gente que trabajó

---

[66] *Iglesia y Democracia en la Argentina. Selección de documentos del Episcopado argentino*, Conferencia Episcopal Argentina, Buenos Aires, 2006.
[67] Páginas 625-728.

en todo por los derechos humanos, que hablaban pero que también hacían. Hubo otros que hicieron mucho, que no hablaban tanto pero salvaban personas; iban a los cuarteles, se peleaban con los comandantes. En aquella época yo tenía 39 años y era provincial de los jesuitas desde 1973. Tenía una visión muy parcial de lo que sucedía, porque es muy distinto que ser obispo de una jurisdicción. Justo el 24 de marzo de 1976 me estaba mudando —sin saber qué iba a pasar ese día, aunque previendo lo que se venía—; la curia estaba en la calle Bogotá al 300 y habíamos decidido el año anterior mudarla al Colegio Máximo en San Miguel. Azarosamente habíamos fijado esa fecha; o sea que mientras cargábamos los muebles, el país estaba tratando de entender cuál era la nueva situación. Incluso vino la policía en medio de la mudanza a preguntarnos qué pasaba. En ese lugar de San Miguel se ayudó a mucha gente. Allí se organizaban ejercicios espirituales y funcionaba la Facultad de Filosofía y Teología, contaba con más de doscientas piezas. Hubo quienes estuvieron escondidos varios días. Después algunos salían por su cuenta y otros esperaban hasta que alguien los pudiera sacar del país o encontraran escondites más seguros. Ahí es donde yo pude ver lo que pasaba. ¿Qué hizo la Iglesia en aquellos años? Hizo lo que hace un organismo que tiene santos y pecadores. También tuvo hombres que combinaron las dos características. Algunos católicos se equivocaron, otros fueron adelante con todo. Había católicos que justificaban el accionar con el argumento de que había que luchar contra el comunismo. Una cosa que desorientó y asustó mucho fue cómo se había posicionado la guerrilla en Tucumán, que es lo que llevó a la presidenta Isabel Perón a firmar aquel famoso decreto que ordenaba aniquilar a la guerrilla. Asustaban mucho también los atentados terroristas. Recuerdo la dolorosa matanza de conscriptos en

Formosa. Entonces, algunos decían que estas personas no podían seguir viviendo. Los horrores que se que cometieron durante el gobierno militar se fueron conociendo a cuentagotas, para mí es una de las lacras más grandes que pesan sobre nuestra Patria. Pero eso no justifica el rencor, con odio no se soluciona. Tampoco tenemos que ser ingenuos: que mucha gente que ha perdido a sus hijos tenga ese tipo de sentimientos es totalmente comprensible, porque perdieron carne de su carne y no tienen dónde ir a llorarlos. Todavía hoy no saben qué les pasó, cuántas veces los torturaron, cómo los mataron. Cuando critican a uno de los grupos de Madres de Plaza de Mayo, lo primero que hago es pedir que se metan en la piel de esas mujeres. Ellas merecen ser respetadas, acompañadas, porque fue terrible aquello. Resumiendo un poco: en la Iglesia hubo cristianos de los dos bandos, cristianos muertos en la guerrilla, cristianos que ayudaron a salvar gente y cristianos represores que creían que estaban salvando a la Patria. Hubo clérigos con diversos matices; la Conferencia Episcopal hizo gestiones reservadas, y muchas. Hizo declaraciones públicas. Estoy de acuerdo con el Rabino en que hay que investigar mucho. Tampoco hay que creerse que hubo una complicidad simplista.

Skorka: Me parece que la pregunta que hay que hacerse es qué poder tenían aquellos dirigentes que estaban al frente de la comunidad en aquellos años. En el caso de la DAIA tenían el poder moral de estar representando a los judíos, pero a nivel nacional ¿qué poder tenían? Yo traté de encontrar, en algunos casos puntuales, información para saber qué pasó con determinada gente, y todas las puertas que golpeaba estaban cerradas. En ese entonces era muy joven, no tenía contactos. Pero insisto con la pregunta: aquellos que pertenecían a la dirigencia, que estaban en posiciones de liderazgo, ¿tuvieron los reflejos necesarios para actuar como debían? No estoy hablando sólo de la Iglesia, hablo de todos los que tenían alguna influencia de poder en la Argentina de ese momento. ¿La tenían y no se animaban a perderla? ¿Por qué no sacudieron las estructuras? Pienso en toda la sociedad argentina, en todos aquellos que en aquel momento sí podían golpear una puerta y decirles a los militares que si querían combatir a la guerrilla tenían que hacer juicios. De ninguna manera podían desaparecer a las personas, eso fue horroroso.

Bergoglio: En la línea que usted menciona, actuó la Iglesia chilena durante el gobierno militar de Augusto Pinochet, y creó la Vicaría de la Solidaridad. Tomó un camino decidido. Como dije antes, aquí se hicieron pronunciamientos y se acentuaron las gestiones reservadas, y eso dio lugar a todo tipo de especulaciones. Yo, por ejemplo, tuve que aclarar en el libro *El jesuita* las acusaciones que se me hacían sobre los casos de dos sacerdotes.

26. SOBRE ALGUNOS HECHOS DE LA HISTORIA: LA CONQUISTA, EL SOCIALISMO Y EL PERONISMO

Bergoglio: Cuando se habla de la participación de la Iglesia en la conquista española, hay que tener en cuenta que el continente americano no era una unidad armónica de pueblos originarios, sino que reinaba el imperio de los más fuertes sobre los más débiles. Ya vivían en guerra. Ésa era una realidad, había pueblos sojuzgados por los más fuertes, por los más desarrollados, como por ejemplo los incas. La interpretación histórica hay que hacerla con la hermenéutica de la época; en cuanto usamos una hermenéutica extrapolada desfiguramos la historia y no la entendemos. Si no estudiamos los contextos culturales, hacemos lecturas anacrónicas, fuera de lugar. Como ocurre cuando se habla de las Cruzadas. Hoy día no las entendemos, pero hubo una época en que se mataba, se echaba a los turcos de los lugares santos de Jerusalén... Cuando los católicos saqueaban y destruían Constantinopla, ¿qué explicación teológica se puede dar ahí? Es un pecado grande, pero, culturalmente, en aquella época se hacía así. Eso indica la bestialidad que a veces tenemos dentro. Por entonces había una concepción de llevar la fe, que iba unida al pecado del conquistador: se imponía la fe incluso cortando cabezas. No podemos analizar la historia desde un purismo eticista. Siempre la historia fue así, lamentablemente, con fe o sin ella. Y eso nos tiene que humillar a los hombres. En esa época, la fe y la espada vivían juntas. Un análisis histórico siempre hay que realizarlo con las pautas de la época, con su hermenéutica. No para justificar los hechos, sino para entenderlos. Resulta imprescindible analizar la historia en el contexto cultural del momento en que transcurrieron los hechos. Por ejemplo, pensar desde la vida actual el sacrificio de Isaac, por parte de su padre Abraham, resultaría incomprensible. Hay que estudiarlo de acuerdo con las concepciones y las prácticas de entonces. Otra cuestión importante es analizar la totalidad de los procesos históricos y no quedarnos en una interpretación de lo fragmentado, porque esa fracción después se universaliza, ocupa el lugar de la totalidad y se transforma en leyenda. Así como se señalan los abusos de los españoles —porque evidentemente vinieron a hacer negocio en estas tierras, a llevarse el oro—, también en la época de la Conquista hubo hombres de la Iglesia que se dedicaron a la predicación, a la ayuda, como fray Bartolomé de las Casas, defensor de los indios ante los atropellos de los conquistadores. En su casi totalidad eran hombres mansos que se acercaban y trataban de dignificar al indio. Se tuvieron que encontrar con costumbres distintas, como la poligamia, el sacrificio humano, el alcoholismo. El mate lo inventaron los jesuitas en las reducciones para pasar a los indios de una adicción —el alcohol, la chicha— a algo que no fuera dañino pero también los levantara. Fue grande el esfuerzo de promoción que sostuvieron muchos hombres de la Iglesia que no querían entrar en componendas con el poder civil espoliador. Por ejemplo, Roque González, un santo jesuita, se peleó con su hermano, que era algo así como gobernador de la ciudad de Asunción, por no acordar con la esclavización de los indios. Había una defensa de los indios por parte de hombres de la Iglesia. Las Reducciones jesuitas son un ejemplo de promoción humana.

Skorka: Con respecto a la época de la Conquista, no hubo una participación judía que se pueda mencionar. Lo único que tal vez se deba señalar es a los criptojudíos que arribaron al Río de la Plata. No hay que olvidar que está documentado que en 1810 llegó una petición del Tribunal de Inquisición de Lima pidiendo por la extradición de alguien acusado de ser un criptojudío. Todo esto está investigado por Boleslao Levin. Pero no podemos hablar de una influencia en lo político-social de los judíos sino hasta las grandes inmigraciones judías que empezaron a partir de 1880, cuando se conforman las colonias agrícolas en el interior del país con la ayuda del Barón Hirsch —Moisesville, Mauricio, entre tantas otras— que permitieron cumplir el ideal de Juan Bautista Alberdi, en su libro *Las bases*, de que una de las llaves para el avance de la Argentina consistía en atraer a la inmigración europea. La participación judía en el país se manifestó primero en las ciencias y en la literatura. Podemos hablar de Alberto Gerchunoff, de Bernardo Verbitsky, de César Tiempo, y de grandes médicos. La participación política recién llegó con una segunda ola inmigratoria, en la década del diez y del veinte, cuando vino gente de Turquía y de Europa del Este que traía las ideas socialistas. Por eso vemos una presencia política judía, especialmente, en las luchas obreras, en el Partido Socialista —donde se destacaron los hermanos Dickman— y también en el Comunista. Además había anarquistas, como el famoso Simón Radowitzky que atentó contra el comisario Ramón Falcón. Después hubo una participación muy fuerte de la comunidad judía local en la lucha contra el nazismo.

Siempre hablo de la cultura judía, porque usted sabe que el judaísmo es una cosmovisión, un conjunto de valores, pero no necesariamente todos sus integrantes cumplen estrictamente con las normas religiosas. En aquel tiempo, el motor cultural judío pasaba por las visiones que traían los inmigrantes desde Europa, donde estaban organizados políticamente, y eso se transfirió aquí. Por entonces, hablamos de los años veinte y los treinta, había una corriente sionista muy grande que anhelaba llevar el ideario socialista a la tierra de los patriarcas. Por otro lado, había otra línea, la bundista, que también era socialista pero pensaba que el pueblo judío debía internacionalizarse. Por eso, en uno y otro caso, la comunidad judía participaba con un ideario social de la política argentina. En lo referente a la visión judía de Perón, por decir algo que mereció y sigue mereciendo muchos análisis, se puede afirmar que dejó entrar científicos y asesinos nazis, pero por otro lado reconoció el Estado de Israel a principios de 1949 y tuvo una buena relación con una parte de la comunidad judía. Había un rabino muy allegado a Perón, Amram Blum, que oficiaba en el Gran Templo de la calle Paso. La DAIA,[68] a su vez, quería mantener una posición alejada del gobierno. Fue la única vez que la comunidad se dividió en dos, porque nació una entidad identificada con el peronismo que se llamaba Organización Israelita Argentina. Esos años, los treinta y los cuarenta, no eran fáciles para los judíos. Había expresiones de la Iglesia muy duras, que se manifestaban contra nuestra comunidad. Eran grupos muy nacionalistas, antisemitas, nada que ver con lo que ocurre hoy.

---

[68] Delegación de Asociaciones Israelitas Argentinas, entidad de segundo grado que tiene bajo su responsabilidad la representación política de la comunidad judía y su interlocución con el resto de la sociedad.

Bergoglio: Era una época de auge del nacionalismo, que se fusionaba de manera injusta con lo católico. Ahora también hay revistas que publican los ultranacionalistas y en las que me acusan a mí de haber caído en herejía porque dialogo con otros sectores. Pero quiero rescatar la dimensión social que trajeron los judíos europeos con una anécdota: un día se acercó para verme un hombre anciano. Se presentó y me dijo que venía a hablar en nombre de los jubilados. Era don Julio Liberman, el antiguo dirigente del Gremio de los Costureros en la época de Perón. Era comunista, argentino, hijo de padres polacos. De chiquito había retornado a Polonia, pero volvió acá para hacer la conscripción y ya se quedó. Empezamos a hablar y a mí me cayó muy simpático y —sobre todo— de una gran actitud; cada dos por tres charlábamos. Una vez me dijo que quería ser honesto conmigo, que él no era creyente. Él pertenecía a ese grupo de judíos socialistas que usted mencionó. Tenía 92 años. Fue un judío luchador, de esa línea que cuando dejó su sindicato, por la edad, siguió luchando por los jubilados. La lucha social que trajeron esos judíos socialistas hizo mucho bien, removió la conciencia social argentina. Intuyo que la mayoría no era creyente, como me dijo don Julio.

Skorka: No, no era creyente. Pero es sumamente difícil, si queremos ser honestos y profundos, poder llegar a discernir y dividir perfectamente dónde termina la fe y dónde empieza la ideología. Alguien puede decir que todos esos judíos eran socialistas porque venían de hogares muy humildes, porque sentían en carne propia lo que significa el dolor de la necesidad y de la injusticia social. Pero existen otros que también vivieron esas condiciones y, sin embargo, no llegaron a un ideario socialista. Y, a la vez, yo me pregunto cuál es el peso que tiene, en esta gente que estuvo peleada con Dios, la idea socialista de la Biblia, con expresiones tan contundentes entre los profetas, especialmente, en Amós, en Jeremías, en Isaías, que llevan mensajes clarísimos en nombre de Dios al llamar a la conciencia de la gente para que haya justicia social. Y aquí viene otra duda: tal vez no estaban peleados con Dios, estaban peleados con la estructura religiosa.

Bergoglio: Tal cual, en el caso de los socialistas de raigambre católica que se apartan de la religión y luchan por lo social, generalmente, tienen conflictos con la estructura religiosa, con modos de vivir lo religioso en donde algunos creyentes, en vez de ser puente, se transforman en muro. Se convierten en un impedimento de su propia fe porque la utilizan en provecho propio, para ideología propia o simplemente para acomodarse. Podemos mencionar, como defecto, algunos maridajes temporales de parte de sectores de la Iglesia católica con el poder. Otro defecto es la beneficencia, en el sentido que la practicaría Susanita, de Mafalda: "Hago un té canasta, con muchos sándwiches, masas y cosas ricas para comprar polenta, fideos y todas esas porquerías que comen los pobres". Esa beneficencia no es cristiana ni social y aparta de la fe. Parto de lo que usted dijo, Rabino: si hoy un cura predicara a Amós, traducido al porteño para que lo entiendan, lo tratarían de comunista, tercermundista, y poco menos que lo intentarían meter preso. La palabra de Dios es mucho más fuerte en lo que es justicia social de lo que podemos nosotros hacer o decir, o de lo que nos aguantan nuestras comunidades. Impresionante, ¿no? En los años setenta hubo de todo, pero ahí sí afloró el compromiso social. Por entonces, un cura no podía llevar un estilo de beneficencia tipo Susanita, sino que debía estar codo a codo con el necesitado. Lo que pasó es que en algunos casos se cayó en el riesgo de la ideologización. Hubo curas que después dejaron el ministerio o quedaron fuera del desarrollo sano de la Iglesia y sufrieron la represión por parte del establishment. Por esos años hubo rebeliones de curas en Rosario, en Mendoza, donde se mezcló lo disciplinar, lo religioso y lo social. Otra cosa es la crudeza de los profetas. En los primeros siglos del cristianismo hay muchos ejemplos, como las homilías de San Juan Crisóstomo. Si hoy un cura las quiere recitar, se va a escandalizar la mitad de la feligresía, porque —tal cual hacían los profetas— decían las cosas por su nombre. La Iglesia siempre tuvo compromiso social. Basta ver las congregaciones religiosas en la Argentina, que tenían orfanatos, escuelas, hospitales. Eran hombres y mujeres religiosos que se dedicaban a lo social. Los curas que iban a trabajar con los marginados no eran una novedad de los setenta, ya con la peste de la fiebre amarilla de 1870 murieron 68 monjas atendiendo enfermos. Después empezaron los laicos a tomar a su cargo la ayuda social con la figura de sociedades de beneficencia. Merece una mención especial la Fundación Eva Perón. Cuando Evita propone un camino de compromiso social, que lo empieza en la Secretaría de Trabajo, después en su Fundación, se da un conflicto con la Sociedad de Beneficencia porque ella trae lo nuevo, trae más integración social. Fíjese, Rabino, que al principio la Iglesia no se enfrentó con Perón, que tenía mucha cercanía a ciertos clérigos. Perón quería usar los elementos de la Doctrina Social de la Iglesia e incorporó muchos de ellos a sus libros y a sus planteos. Uno de los hombres que le proveyó de esos elementos era el obispo de Resistencia, monseñor De Carlo. Era muy amigo de la pareja y los ayudó a escribir algunos de sus libros sociales. Colaboró mucho con ellos, a tal punto que el gobierno peronista le construyó un seminario en la rotonda de entrada a Resistencia. Cada vez que Perón iba allá, le hablaba al pueblo, reunido en la rotonda, desde el balcón del seminario. A De Carlo se lo miraba un poco de costado, se lo acusaba de estar muy metido en la nueva política. Era un gran pastor, decía que nunca negoció su conciencia, y es verdad. Hay una anécdota interesante. En una de esas visitas a Resistencia, Perón le dice a la gente que lo escucha que quería aclarar una calumnia: "Dicen que monseñor De Carlo, es peronista. No es verdad, Perón es decarlista". En un principio hubo una ayuda a Perón, dentro del mismo cristianismo, para explicitar el camino social. Ahora, junto a ese sector coexistía otro, más liberal, que agrupaba a la corriente antiperonista. Son los que se unieron con la Unión Cívica Radical, con el Partido Conservador y con el núcleo socialista que a la hora de ir a las elecciones conformaron la Unión Democrática. Al principio, la Iglesia quedó asociada al régimen de Perón, incluso consiguió cosas, como la enseñanza religiosa, más allá de si está bien o está mal. Después de que muere Evita comienza el distanciamiento. Quizás el alto clero no supo manejar bien las circunstancias y el conflicto desemboca en el enfrentamiento del 54. Me acuerdo que siendo un muchacho leí un artículo en un diario: "Los señores y monseñores de la mesa bien servida". Ése fue el primer ataque. De ahí en más, siguió el enfrentamiento mutuo, en el que se mataron vidas inocentes. Al grupo nacionalista de las Fuerzas Armadas no le importaron los habitantes civiles de la Plaza de Mayo, y mandó sus aviones que tenían la increíble leyenda "Cristo vence". Eso me da asco, me da bronca, me indigna, porque es usar el nombre de Cristo para una acción meramente política. Se mezcló religión, política y nacionalismo puro. Se mató gente inocente a mansalva. Y no acepto el argumento de que fue en defensa de la Nación, porque no se puede defender al pueblo matando al pueblo. Pero resulta simplista decir que la Iglesia sólo apoyó o sólo se opuso a Perón. La relación fue mucho más compleja, fue y vino: primero hubo apoyo, después hubo un vínculo de maridaje de algunos dirigentes y, por último, un enfrentamiento. Bien complejo, como el peronismo. También me gustaría aclarar que, cuando se señala —sobre todo en el periodismo— "la Iglesia", se está hablando de los obispos, los curas, la jerarquía; pero la Iglesia es todo el pueblo de Dios. Y en aquellos tiempos, los después llamados "cabecitas negras" siguieron siendo católicos y peronistas fervientes, más allá de que el gobierno quisiera quemar las iglesias.

27. SOBRE EL CONFLICTO ÁRABE-ISRAELÍ Y OTROS CONFLICTOS

Skorka: Cuando el mundo, en general, habla del conflicto árabe-israelí, toma la última imagen, se deja absolutamente de lado todo un proceso histórico. Creo que es imprescindible parar de inmediato esta escalada de violencia. Como dijo Anwar El Sadat,[69] cuando visitó Israel: "Discutiremos muchísimo, pero no habrá más guerra". Las armas tienen que callar, se debe encontrar un camino de convivencia pacífica y bregar por él. Pero lamentablemente hay intereses que usufructúan de toda esta situación mientras hay israelíes que están llorando a sus víctimas, y muchísimos miembros del pueblo palestino que están viviendo en la franja de Gaza en condiciones terribles, indignas. Entre los que utilizan el conflicto para su provecho se encuentran los míseros cálculos de los mercados internacionales en los que el barril de petró-

---

[69] Anwar El Sadat fue presidente egipcio entre 1970 y 1981. En 1978 firmó el acuerdo de paz con Israel, conocido como Camp David, cinco años después del último conflicto bélico entre ambos países.

leo vale más que la vida humana. Por otra parte, también les sirve a los fundamentalistas que se sostienen y nutren de situaciones conflictivas. Irán necesita este conflicto para ejercer su influencia sobre Siria y Líbano, a través de Hizballa, y en Gaza, a través de Hamas. Sueña con volver a construir el "Gran Imperio Persa", reivindicar a los chiitas y sojuzgar a todos aquellos que no acepten ser gobernados teocráticamente por los ayatolas. Hubo un momento en el que se desarrolló en Israel un gran movimiento por la paz que en hebreo se llamó "Shalom Achshav", Paz Ahora. Desgraciadamente, del otro lado no hubo una organización similar. En ningún momento vi una reunión de doscientos mil palestinos gritando "hagamos la paz". Cuando Barak,[70] y esto está documentado, se reunió con Arafat,[71] iba concediendo todo lo que el líder palestino exigía, incluso una parte de Jerusalén, algo muy arriesgado para Barak porque, para la derecha israelí y para el sentimiento de muchos judíos, Jerusalén es única e indivisible. Un árabe reza mirando a La Meca, nosotros lo hacemos mirando a Jerusalén. Pero por la paz, parte de Jerusalén iba a ser administrada por algún tipo de estado palestino. Sin embargo, Arafat siguió pidiendo y todo terminó en la nada. Barak volvió a Israel y tuvo que renunciar, porque falló en lograr la paz. Arafat, en cambio, volvió y fue recibido como un héroe. Por supuesto que tiene que existir un estado palestino; hay gente que está identificada con la nacionalidad palestina. En el momento en que eso suceda, Israel va a tener una genuina —quiera Dios que sea democrática— contraparte

---

[70] Ehud Barak fue el décimo Primer Ministro israelí y ocupó el cargo entre 1999 y 2001.
[71] Yasser Arafat fue líder de la Organización para la Liberación Palestina y presidente de la Autoridad Nacional Palestina.

de discusión. Lo más preciado para el pueblo judío, en su esencia, es la paz. El final del capítulo 19 del profeta Isaías es muy impactante, habla de que va a llegar un tiempo en donde habrá un pacto entre Egipto, Israel y Asiria —tal vez tengamos que entenderlo como Siria—, y que ese pacto será una bendición para todo el mundo. Hay que transformar los términos de discusión, hay que cambiar lo que yo llamaría "la política infame" por un sentimiento de grandeza. Muchas veces se invocan conceptos religiosos en forma tergiversada, en la manera más nefasta. En nombre de Dios ya se mató, lo dijimos en nuestras charlas muchas veces. En nombre de Dios se hicieron barbaridades, como usted dijo aquí se mató en nombre de Cristo en el 55, en la Plaza de Mayo. Y ahora se mata en nombre de Dios en Oriente Medio. Se puede dar vuelta esta situación sólo si hay actitudes de grandeza por ambos lados; si uno no le quiere quitar el mendrugo de pan al otro y si éste no quiere destruir a su vecino porque vive mejor. ¿Por qué no transformar la franja de Gaza en la Hong Kong del Oriente Medio? ¿Por qué no convertirlo en un lugar donde la gente viva realmente muy bien? Lo que importa es la vida de cada individuo, y el judío tiene tanto derecho a vivir como el palestino, pero el palestino también tiene que entenderlo, me refiero a los dirigentes —no al hombre de la calle que lo tiene claro— que piensan que mediante la destrucción del otro van a realizar una gesta de grandeza y pasarán a la posteridad. Todos los extremismos son malos y todos aquellos personajes que se creen los dueños del mundo son nefastos. A veces me pregunto por qué Dios tuvo que crear la Tierra redonda, y la respuesta que encuentro es porque todos los puntos de la esfera son equivalentes. No hay un punto preferido, hay igualdad.

Bergoglio: Usted pasó de dar una explicación política sobre una coyuntura a un discurso de sabiduría sobre las relaciones humanas. Me evocó una conversación que tuve hace un tiempo con una persona mayor que estaba viviendo una situación espiritual fuerte y, revisando de alguna manera su vida, me dijo que tenía un problema de relaciones familiares que no había podido resolver. "Es uno de los fracasos de mi vida —me dijo—, quizá porque no encontré el camino." La frase me quedó grabada. A veces, las relaciones humanas pueden resolverse si hay gente que ayude a encontrar caminos, una especie de creadores o buscadores de salidas; porque cuando uno está con el problema tiene adelante un monte y no ve nada. Necesita alguien que le diga: "Mejor ir por acá, o probá por allá". Cuando tengo un problema con alguien, me ayuda una actitud que tenían los monjes egipcios, al principio del cristianismo. Ellos se acusaban a sí mismos para buscar un camino de solución; se ponían en el banquillo del reo para ver qué cosas no funcionaban dentro de ellos. Yo lo hago para observar qué cosas no funcionan dentro de mí. Esa actitud me da libertad para, después, poder perdonarle la falla al otro. No hay que destacar tanto el error del otro porque yo tengo el mío, los dos tenemos nuestras fallas. La concordia de las personas, de los pueblos, se hace buscando caminos; eso es lo que pensé que subyacía detrás de su reflexión, Rabino. Ése es el modo de resolver enemistades.

Skorka: Culturalmente estamos viviendo un tiempo que está marcado por los medios de comunicación. Me crispa que planteen cualquier tipo de tema como si fuese un partido entre River y Boca. Las cosas no son blanco y negro, sino mucho más complejas. Pero se manejan con fanatismos, con argumentos falaces o planteos superficiales. Lo único que pretenden es enervar sentimientos, actuar sobre impactos momentáneos. A su vez, los libros profundos que suelen emerger —que hablan de temas políticos o sociales— están escritos en un idioma muy técnico o en términos muy filosóficos y no llegan al pueblo. Después hay mucha gente muy capaz que utiliza su inteligencia para plantear sus posiciones con mucho fervor, pero carente de la mesura que requiere la búsqueda de la verdad, que sólo se alcanza mediante la humildad. Muchas veces, los medios suelen presentar el conflicto palestino-israelí bajo estas características.

Bergoglio: Esa forma de plantear las cosas, en blanco y negro, es una tendencia pecaminosa que privilegia siempre el conflicto sobre la unidad. Usted habló de la humildad, que es lo que allana los caminos para un encuentro; privilegiar el conflicto sólo pone trabas en el camino. Y el espíritu de Dios se manifiesta en ese allanamiento. Ese tema lo toma bellamente Georg Händel al principio de *El Mesías*, en la voz de barítono con el texto de Isaías:[72] "Todo valle será alzado, todo monte será rebajado, para que el camino sea llano, para preparar el camino a la salvación". Buscar caminos es una profecía hacia la unidad. Lo que usted dijo de los medios, lo extendería a todos los que privilegian el conflicto, a los que hablan en blanco y negro. Hoy se desinforma diciendo sólo parte de la verdad, se toma sólo lo que les interesa para su conveniencia, y eso hace mucho daño, porque es una forma de privilegiar el conflicto. Si leo cinco diarios, frente a una misma noticia, es muy frecuente que cada uno cuente la parte que le interesa según su tendencia.

Skorka: Me quedé pensando en el tema del conflicto... Cuando leo a Freud, lo que me gusta de lo que dice es que el hombre debe resolver conflictos, y que la forma en que los resuelva determinará posteriormente sus acciones. Un médico no podría ejercer su profesión si no tuviese un grado de agresividad, porque tomar un bisturí —o el simple hecho

----

[72] 40.

de aplicar una inyección o extraer sangre— guarda dentro de sí cierta violencia. Lo que pasa es que la sublimó de una manera muy positiva. Es necesario analizar qué hace cada uno con su agresividad, con sus tendencias destructivas. Creo —y esto no es un invento de Freud, sino que ya aparece en los escritos rabínicos de hace dos mil años— que tenemos un instinto del bien y un instinto del mal, la cuestión es saber tomar ese instinto negativo y tratar de transformarlo en algo positivo. Cuando los conflictos no se resuelven en ese sentido tenemos el mundo que tenemos, porque falta la dimensión de la humildad: Moisés llegó a ser el más grande de los profetas por distintos motivos, pero el principal fue que era el más humilde entre todos los hombres.

Bergoglio: El conflicto está ya en las primeras páginas de la Biblia. Tenemos el caso Adán y Eva que son expulsados del Paraíso, también el drama de Caín y Abel y después el conflicto de Babel o el de Rebeca con Esaú y Jacob. Y ya en la vida de Jesús, sus discípulos le planteaban tensiones a cada rato. Esto quiere decir que en la vida religiosa el conflicto está contemplado. Más aún, no entenderíamos la revelación, la Biblia, si no tomáramos en serio la conflictividad. La cuestión es cómo se resuelve el conflicto según la palabra de Dios. Creo que nunca el camino de resolución debe ser la guerra, porque eso implicaría que uno de los dos polos de tensión absorbiera al otro. Tampoco se resuelve en una síntesis, que es una mezcla de los dos extremos, una cosa híbrida que no tiene futuro. Los polos en tensión se resuelven en un plano superior, mirando hacia el horizonte, no en una síntesis pero sí en una nueva unidad, en un nuevo polo que mantenga las virtualidades de los dos, las asuma, y así fuera progresando. No es una absorción ni una síntesis híbrida, es una nueva unidad. Si miramos los códigos genéticos, ésa es la manera en que progresa la humanidad. Una verdadera filosofía del conflicto sería tener la valentía y el coraje de buscar solucionarlo, tanto el conflicto personal como el social, buscando una unidad que reúna la virtualidad de ambas partes. Hay una frase de un teólogo luterano alemán, Oscar Cullman, que se refiere a cómo hacer para llevar a la unidad de las distintas denominaciones cristianas. Él dice que no busquemos que todos, desde un principio, afirmemos lo mismo, propone caminar juntos en una diversidad reconciliada. Resuelve el conflicto religioso de las múltiples confesiones cristianas en caminar juntos, en hacer cosas juntos, en rezar juntos. Pide que no nos tiremos piedras unos a otros, sino que sigamos caminando a la par. Es la manera de avanzar en la resolución de un conflicto con las virtualidades de todos, sin anular las diversas tradiciones ni tampoco cayendo en sincretismos. Cada uno, desde su identidad, en reconciliación, buscando la unidad de la verdad.

Skorka: El hombre es conflictivo, en eso reside su grandeza y su posible bajeza. Hay un lugar en el Talmud que dice que el hombre cuenta con características angelicales y animales. Los ángeles son seres totalmente espirituales pero no tienen voluntad propia, cumplen un mandato de Dios. El hombre, en cambio, tiene voluntad propia, características de los animales y también espirituales. Y unas características entran en conflicto con las otras de manera constante.

28. SOBRE EL DIÁLOGO INTERRELIGIOSO

Skorka: Un cura me señaló una vez en Mar del Plata que me fijara que en las fiestas patrias no había participación de todos los credos, que si bien era una tradición podría haber cambios. Eso me quedó en la mente.

Bergoglio: No sé si usted se acuerda, cuando comencé como arzobispo en los Te Deum bajaba con el nuncio a acompañar al Presidente y lo llevábamos hasta la puerta. Todos ustedes, los religiosos de los demás credos, quedaban solos en un sitio, eran como muñecos de exposición. Cambié esa tradición: ahora el Presidente sube y saluda a todos los representantes de los credos. Eso fue un paso en la línea que usted propone. Desde el Te Deum de Salta en 2009, la ceremonia se divide en dos: no sólo se realiza el canto tradicional, clásico, de acción de gracias, junto con la homilía y la oración católica, sino que también formulan sus oraciones los representantes de cada credo. La participación ahora es mayor.

Skorka: Para mí esos gestos son muy valiosos, es una manera de mostrar la importancia del diálogo interreligioso.

Bergoglio: Su trabajo en ese sentido es muy importante, no olvido que usted me invitó dos veces a orar y a hablar en su sinagoga. Y yo lo invité para que les hablara sobre los valores a mis seminaristas.

Skorka: También son relevantes y valientes sus actitudes, porque dentro de la institución debe de haber personas que no piensan en ese sentido.

Bergoglio: La primera vez que me invitaron los evangelistas a una de sus reuniones en el Luna Park, el estadio estaba lleno. Ese día hablaron un sacerdote católico y un pastor evangélico. Hicieron dos pláticas cada uno, intercaladas, con un corte para comer unos sandwichitos al mediodía. En un momento, el pastor evangélico pidió que todos rezaran por mí y por mi ministerio. Me había preguntado si yo aceptaría que rezaran por mí y le contesté que sí, que por supuesto. Cuando todos rezaban, lo primero que me salió fue ponerme de rodillas, un gesto muy católico, para recibir la oración y la bendición de las siete mil personas que estaban ahí. A la semana siguiente, una revista tituló: "Buenos Aires, sede vacante. El arzobispo incurrió en el delito de apostasía". Para ellos, orar junto a otros era apostasía. Incluso con un agnóstico, desde su duda, podemos mirar juntos hacia arriba y buscar la trascendencia. Cada cual reza según su tradición, ¿cuál es el problema?

Skorka: Hay un libro que escribió un amigo muy querido, un rabino muy especial llamado Shmuel Avidor HaCohen. Era bastante mayor que yo y estuvo entre los fundadores del movimiento pacifista israelí Paz Ahora. Era un revolucionario en muchos sentidos. Shmuel escribió la biografía de otro rabino legendario, Abraham Isaac Hacohen Kook, que en la primera mitad del siglo XX dijo que todos aquellos que construyeron y levantaron los *kibutzim*, a pesar de estar tan alejados de lo tradicional, hicieron un acto de religiosidad, porque volvían a la tierra de Israel cuando todavía estaba ocupada por los turcos y el territorio era puro pantano. Para él, recuperar la dignidad del trabajo de la tierra, que había sido negada a los judíos en Europa, significa un acto religioso. Eso era como arrodillarse en la ceremonia de los evangélicos, era un hombre que remaba contra la corriente. Tal es así que Shmuel denominó su libro *El hombre en contra de la corriente*. Bajo esta visión, yo aprecio los cambios que usted introdujo, que el Presidente salude a todos los dignatarios religiosos, que varios de ellos participen de las prédicas del Te Deum. Cambiar esas cosas dentro de una estructura tan antigua no es fácil. Lo felicito por intentar romper viejos círculos viciosos. Ésa es nuestra tarea, nuestro desafío.

29. SOBRE EL FUTURO DE LAS RELIGIONES

Skorka: La religión siempre va a tener futuro porque es una expresión de la búsqueda profunda del sentido de la vida, es la consecuencia de un acto de introspección y de un encuentro con Él. Mientras la existencia siga siendo un misterio, mientras el hombre se pregunte si hubo un ordenador de la naturaleza, mientras esos interrogantes persistan —yo pienso que serán eternos—, perdurará el concepto de religión, que implica un llamado desesperante para tratar de responder qué soy. Mientras esas preguntas no tengan respuestas, el hombre querrá tener un acercamiento con Dios, y eso, en esencia, es la mística. Ahora bien, cómo se manifestará la religión en el mundo del futuro, eso ya es otro capítulo. No me caben dudas de que la actitud religiosa se va a mantener en el hombre, la cuestión es cómo se va a organizar y cómo se va a manifestar. La gran pregunta es si van a seguir existiendo estas instituciones religiosas que conocemos, si van a continuar desarrollándose las religiones tradicionales. Allí ya entran a jugar otras variables.

Bergoglio: Hay una frase de San Agustín que va en la línea de lo que usted decía, Rabino. Dice: "Señor, nos creaste para ti y nuestro corazón estará inquieto hasta que descanse en ti". Lo más importante de esta oración es la palabra inquieto. Cuando uno quiere ser sensato, sincero con lo que siente, manifiesta una inquietud profunda hacia lo trascendente, hacia un encuentro —como usted señaló— con Él. Pero mientras vivimos el encuentro, se inicia otra búsqueda y así sucesivamente, cada vez con mayor profundidad. Esa inquietud nos gusta describirla como el hálito de Dios que llevamos dentro, la marca que dejó en nosotros. Muchas veces, incluso, aparece en personas que no han oído hablar de Dios o que tuvieron en sus vidas posiciones antirreligiosas o inmanentistas y, de golpe, se encuentran con algo que los trascendió. Mientras esa inquietud exista, existirá la religión, habrá formas de religarse a Dios. Justamente, la palabra "religión" proviene de asumir una ligazón, por medio de una búsqueda, con el Señor. Si una religión es puramente ritualista, sin este tipo de contenidos, está destinada a morirse, porque te llena de ritos pero te deja vacío el corazón. Coincido con usted en que la religión perdurará, porque la inquietud es inherente a la naturaleza humana, y habrá que ver de qué manera se manifiesta en el futuro. Usted, ¿cómo se la imagina?

Skorka: Es muy difícil avizorar cómo va a seguir la historia. La religión, como podemos ver a partir de los relatos bíblicos, empieza esencialmente en individuos: Abraham, Moisés, los profetas... Ellos se aproximan a Dios, quien les dice que vuelvan al pueblo, porque ese acercamiento tiene que proyectarse en la comunidad. Ese germen inicial, ese diálogo individual, comienza a entremezclarse en lo cotidiano, con otros conceptos, con otros intereses; y eso resultó un intercambio muy positivo, porque una religión que no sabe plasmarse en la vida de todos los días queda anclada en un mero juego filosófico. Para la concepción judaica, lo religioso es aquello que se vive, como dice la Torá: "Hacer lo bueno y lo justo a los ojos de Dios". Pero en el momento en que pragmatizamos lo espiritual, en que lo llevamos a lo cotidiano, empiezan a surgir distintos intereses que se entremezclan con el fenómeno religioso. Muchas veces, esos intereses superan lo puro, lo bello de aquel encuentro, y terminan tergiversándolo. Por eso, hablar del futuro de las religiones implica hablar del futuro del hombre, de la historia, es hacer casi una proyección política y sociológica. He escuchado a algunos cristianos hablar de la vuelta a un tipo de parroquialismo, un concepto con el cual coincido. En vez de que haya megainstituciones piramidales, la idea es retornar a las pequeñas comunidades que se van nutriendo a sí mismas en espiritualidad. Se trataría de tener estructuras más independientes. No sé si usted escuchó hablar de este concepto; a mí me gustó esa idea de no trabajar con grandes masas sino con grupos de familias que aportan mucha fuerza y que van interactuando con otros grupos de la misma religión, de manera coordinada, para realizar megaproyectos —como podría ser la ayuda social—, pero manteniendo una autonomía. También escuché que en Europa hay gente que empieza a buscar su identidad en épocas anteriores a los fenicios, y me parece una cuestión muy interesante porque es una búsqueda profunda de la raíz, no una proyección hacia delante. ¿Cómo va a influir esto sobre la actitud religiosa del hombre europeo? Dentro del judaísmo, lo que estamos viendo en Latinoamérica es una revitalización de los extremos, tanto hacia la derecha como hacia la izquierda. Se perdió el camino medio. ¿Cómo se va a proyectar ese presente? La verdad es que no lo sé. A mí siempre me interesa ver qué es lo que le está pasando al vecino, a la iglesia cristiana, porque en las religiones los fenómenos se dan en forma paralela. Y cuando veo qué es lo que pasa enfrente, descubro una crisis muy grande, donde emergen nuevas iglesias que, tal vez, buscan desengancharse de una centralidad que no los satisfacía. A partir de la Revolución Francesa, se volvió a la fragmentación, a los nacionalismos. Desde entonces, hubo intentos de recrear grandes imperios, pero más tarde o más temprano cayeron en una debacle tremenda, como Yugoslavia, que ahora no para de dividirse. Cada uno vuelve a su identidad y así entiendo el parroquialismo que menciono. Ahora, si en esta nueva realidad vamos a alcanzar la paz o, por lo menos, un estado de no guerra, no lo podemos prever. Si van a primar los intereses ciegos y egoístas, no hay forma de saberlo. Lo que nos dicen los profetas —y de eso estoy convencido— es que si vamos a alcanzar una situación donde predomine el diálogo por sobre los intereses mezquinos, con mayor o menor parroquialismo, lo religioso va a florecer.

Bergoglio: Si uno mira la historia, las formas religiosas del catolicismo han variado notoriamente. Pensemos, por ejemplo, en los Estados Pontificios, donde el poder temporal estaba unido con el poder espiritual. Era una deformación del cristianismo, no se correspondía con lo que Jesús quiso y lo que Dios quiere. Si, a lo largo de la historia, la religión tuvo tanta evolución, por qué no vamos a pensar que en un futuro también se adecuará con la cultura de su tiempo. El diálogo entre la religión y la cultura es clave, ya lo plantea el Concilio Vaticano II. Desde un principio se le pide a la Iglesia una continua conversión —*Ecclesia semper reformanda*— y esa transformación adquiere diversas formas a lo largo del tiempo, sin alterar el dogma. En un futuro tendrá maneras distintas de adecuarse a nuevas épocas, como hoy tiene modos distintos de los años del regalismo, del jurisdiccionalismo, del absolutismo. Usted, Rabino, también hacía alusión a la parroquialización. Ésa es una clave, la tendencia a la pequeña comunidad como lugar de pertenencia religiosa. Responde a una necesidad de identidad, no sólo religiosa sino también cultural: soy de este barrio, de este club, de esta familia, soy de este culto… entonces tengo un lugar de pertenencia, me reconozco en una identidad. El origen del cristianismo era "parroquial". Cuando uno lee el libro de San Lucas sobre los hechos de los apóstoles, advierte que el cristianismo tuvo una expansión masiva; en las primeras predicaciones de Pedro bautizaban a dos mil personas, las cuales después se iban organizando en pequeñas comunidades. El problema es cuando la parroquia no tiene vida propia y es anulada, subsumida, por la estructura más alta. Y lo que le da vida a la parroquia es ese sentido de pertenencia. Me acuerdo, Rabino, cuando un día fui a charlar con usted a su comunidad y me llevó a conocer a las mujeres que realizan la obra social de la sinagoga. Estaban preparando paquetes y bolsas para familias necesitadas. La sinagoga o la parroquia nos llevan al cuidado de nuestros hermanos, trasladan lo religioso a la acción. En este caso era de una manera asistencial, pero también hay otras formas: educativas, promocionales, etcétera. Por acciones de este tipo nos acusan de meternos en cosas que, supuestamente, no deberían interesarnos. Hace poco, por ejemplo, celebré una misa en la estación Constitución por las víctimas de la trata de personas: la esclavización en los talleres clandestinos, los cartoneros explotados, los chicos utilizados como mulitas de droga, las chicas en situación de prostitución. Terminó siendo una protesta grande, donde se juntó gente que no es católica, que no comparte mi fe, pero que comparte el amor por el hermano. No me estoy metiendo en política, me estoy metiendo en la carne de mi hermano, que lo pusieron en la máquina picadora, en una fábrica de esclavos. Es verdad, también, que algunos aprovechan para colar estructuras de tipo político, por eso hay que discernir bien de qué forma actuar en estos asuntos.

Skorka: Como dijo Isaías, "no te desentiendas de la carne de tu hermano".

Bergoglio: La traducción que yo utilizo es "no te avergüences de la carne de tu hermano". La relación religiosa comporta un compromiso, no una huida. Hubo una época en la espiritualidad católica que existía lo que se llamaba la *fuga mundi*,[73] ahora la concepción es totalmente distinta, es necesario involucrarse en el mundo, pero siempre desde la experiencia religiosa. Usted recién mencionó que cuando un fenómeno se da en una religión suele darse también en la otra. El problema es serio cuando lo espiritual se reduce a lo ideológico, pierde fuerza la propia experiencia religiosa y, como deja un lugar vacío, se recurre al mundo de las ideas para llenarlo. El otro riesgo es hacer obras de beneficencia por la beneficencia misma, actuar como una ONG en vez de participar de la experiencia religiosa. Hay comunidades religiosas que corren el riesgo de deslizarse inconscientemente hacia una ONG. No es sólo una cuestión de hacer tal y tal cosa para socorrer al prójimo. ¿Cómo rezás? ¿Cómo ayudás a tu comunidad para que ingrese en la experiencia de Dios? Ésas son las preguntas clave.

Skorka: Cuando uno echa una mirada retrospectiva, puede encontrar en la comunidad judía el fenómeno del parroquialismo hace unos cuarenta años. Hasta finales de los años sesenta había una red de escuelas por las que pasaba la cultura judía, estaban los movimientos juveniles sionistas donde se impartía todo tipo de educación —hebreo, historia, tradición—, pero no existía un gran desarrollo religioso. Es en ese momento cuando comienza a desplegarse el Movimiento Conservador[74] en la Argentina, cuando empieza a florecer el

---

[73] Escape del mundo.

[74] La denominación Movimiento Conservador tal vez resulte engañosa en el contexto latinoamericano, debido a que se trata de una corriente de transformación del judaísmo religioso. Mantiene una agenda pro-

concepto de comunidad, como lugar adonde los chicos vienen a realizar sus actividades pero también a rezar. Allí también se organizan las grandes campañas de ayuda al prójimo necesitado. Y otra cosa que me parece importante agregar es que, para llegar en un futuro a una realidad religiosa más profunda, hace falta un actitud de mayor humildad de los líderes religiosos. Cada uno, cuando le enseña a su hijo, tiene que aclararle que se trata de su verdad, de su religión, y que le gustaría que sus descendientes la llevaran adelante, que la perfeccionaran. Pero es totalmente incorrecto desvalorizar y desestimar la religión del otro, creerse que tiene toda la verdad. Si llevamos una actitud de real humildad, podremos cambiar la realidad del mundo. Cuando el profeta Miqueas quiso dar una definición de qué significa ser un hombre religioso, dijo: "Hacer la justicia, amar la piedad y caminar con humildad junto a Dios".

Bergoglio: Estoy totalmente de acuerdo con la cuestión de la humildad. A mí me gusta usar también la palabra "mansedumbre", que no quiere decir debilidad. Un líder religioso puede ser muy fuerte, muy firme, pero sin ejercer la agresión. Jesús dice que el que manda debe ser como el que sirve. Para mí, esa idea es válida para la persona religiosa de cualquier confesión. El verdadero poder del liderazgo religioso lo confiere el servicio. En cuanto deja de servir, el religioso se transforma en un mero gestor, en un agente de ONG. El líder religioso comparte, sufre, sirve a sus hermanos.

---

gresista en temas sociales, culturales y políticos. Si el Movimiento Ortodoxo señala que las leyes religiosas son inalterables y el Movimiento Reformista expresa que se trata de normativas, pero no de directivas; los conservadores se ubican en un punto intermedio: sostienen que la ley teológica judía es medular pero admite interpretaciones, cambios y aggiornamientos a lo largo del tiempo.

Skorka: Exacto. No sé cómo será la religión del futuro pero estoy convencido de que va a depender de lo que hagamos los individuos de hoy. Walter Benjamin dijo una vez: "No sé si el libro que estoy escribiendo va a impactar ahora, pero tal vez impactará de aquí a cien años".

Bergoglio: Sé que para las religiones hubo épocas peores que la actual y, sin embargo, salieron a flote. Ahora tal vez podamos señalar escasez numérica de religiosos, pero existieron tiempos en que la escasez era de la virtud. Hubo épocas corruptas en la Iglesia. Pienso, por ejemplo, cuando existía el mayorazgo, en los beneficios eclesiásticos que tenían algunos curas, que aseguraban sus vidas siendo instructores de chicos de familias ricas. No hacían nada y se habían mundanizado. Hubo épocas muy difíciles y, sin embargo, la religión resucitó. De golpe aparecen personajes, como Teresa de Calcuta, que revolucionan toda la concepción de dignidad de una persona, que gastan su tiempo —porque de alguna manera es perderlo— en ayudar a morir a la gente. Estas acciones generan mística y renuevan la religiosidad. En la historia de la Iglesia católica, los verdaderos renovadores son los santos. Ellos son los verdaderos reformadores, los que cambian, transforman, llevan adelante y resucitan el camino espiritual. Otro caso, el de Francisco de Asís, aportó toda una concepción sobre la pobreza al cristianismo frente al lujo, el orgullo y la vanidad de los poderes civiles y eclesiásticos de aquella época. Llevó adelante una mística de la pobreza, del despojo, y ha cambiado la historia. Dentro del judaísmo, ¿cómo aparecieron estos hombres?

Skorka: Mencionaría el ejemplo de una persona que fue criticada en muchos aspectos dentro del amplio abanico de la comunidad judía argentina, pero que indudablemente marcó un antes y un después: Marshall Meyer. No puedo decir que fue un santo, porque no tenemos el concepto de la santidad dentro del judaísmo; tampoco voy a decir que todo lo que hizo fue perfecto ni que coincido absolutamente en cada uno de sus puntos de vista; pero si hubo un florecimiento de la comunidad a partir de la década del sesenta, fue gracias a él. Marshall tuvo rasgos de religiosidad muy profundos. Nadie puede negar que hubo un antes y un después de él, no sólo por lo que representó en la lucha por la defensa de los derechos humanos, sino por haber mostrado un camino nuevo en las relaciones con el prójimo, por haber sacudido las estructuras espirituales de la comunidad judía argentina. Después, más acá en el tiempo, en los últimos veinte años hubo otro cambio. Se dio una vuelta a la religión en sus expresiones más ortodoxas. Hace treinta o cuarenta años hubiera sido inimaginable un escenario como éste, un retorno a esta línea tan estricta con la cual yo no comparto muchos aspectos. Zygmunt Bauman, el famoso sociólogo europeo que acuñó el concepto de "modernidad líquida", describe con precisión la realidad en la que estamos viviendo. Habla de la falta de certezas y compromisos en el mundo. Y la ortodoxia llena los vacíos que generan las incertidumbres. La verdad es que se va totalmente para el otro extremo. Hablando de la religión del futuro, creo que es necesario encontrar un camino medio. Algunas certezas son inamovibles: "no matarás", "no robarás". Pero por otro lado la vida es dinamismo, es libertad, y uno tiene que tener la capacidad de pensar, de discernir, porque los caminos en la vida no son absolutos.

Bergoglio: Hay sectores internos dentro de las religiones, que por acentuar lo prescriptivo dejan de lado lo humano, reducen la religión a qué cosa hay que rezar a la mañana, a la tarde y a la noche y lo que va a pasar si uno no lo hace. Hay un acoso espiritual a los adherentes y a mucha gente débil de espíritu, eso los puede conducir hacia una falta de libertad. Otro rasgo de estos sectores es que siempre se

215

mueven en función de la búsqueda del poder. En lo que hace específicamente a Buenos Aires, se puede decir que es una ciudad pagana, no dicho en sentido peyorativo sino constatativo. Tiene muchos dioses a los cuales adora y, frente a esa paganización, se tiende a un fenómeno como el que usted mencionaba. Se quiere buscar lo auténtico, pero cuando eso significa sólo lo prescriptivo, cumplir normas, se cae en el otro extremo, en un purismo que tampoco es religioso. Es verdad que la cultura hedonista, consumista, narcisista, se va infiltrando en el catolicismo. Nos contagia y, de alguna manera, relativiza la vida religiosa, la paganiza, la hace mundana. En eso consiste la verdadera pérdida de lo religioso, a lo que yo más temo. Siempre sostengo que el cristianismo es un pequeño rebaño, como Jesús dice en el Evangelio. Cuando la comunidad cristiana quiere hacerse grande y transformarse en poder temporal, corre el riesgo de perder la esencia religiosa. A eso es a lo que le temo. Tal vez hoy alguien pueda decir que hay menos religiosos, pero la inquietud es grande, existe una búsqueda religiosa seria. También hay una búsqueda de Dios en movimientos populares de piedad, que son formas de vivir lo religioso de una manera popular. Por ejemplo, la peregrinación de los jóvenes a Luján. Para muchos, la única vez que pisan una iglesia es cuando realizan esa procesión: el sesenta por ciento se autoconvoca para peregrinar, no es llevado por ninguna parroquia. Hay una chispa de piedad popular que los convoca, es un fenómeno religioso que no hay que descuidar. Puede ser que haya menos gente en las iglesias, hay una purificación en el compromiso. La búsqueda religiosa no se apagó, sigue fuerte, por ahí un tanto desorientada, fuera de las estructuras institucionales. A mi juicio, el desafío más grande lo tienen los líderes religiosos en saber cómo conducir esa fuerza. La evangelización es clave, pero no el proselitismo, que hoy —gracias a Dios— está tachado del diccionario pastoral. El Papa Benedicto XVI tiene una expresión muy linda: "La Iglesia es una propuesta que llega por atracción, no por proselitismo". Se trata de una atracción a través del testimonio.

Skorka: El judaísmo nunca fue proselitista, pero ahora se da un fenómeno que yo llamaría de proselitismo interno. No se pretende que alguien que no es judío participe de una vida religiosa judía, sino que las comunidades ortodoxas están tratando de acercar sus instituciones al resto de los judíos. Pero quiero detenerme en una de las cosas que usted mencionó, monseñor. Los líderes religiosos deben saber cómo mover todas esas manifestaciones, cómo liderar todos esos movimientos religiosos que nacen espontáneamente. Me parece que ésa será la función de la religión en un futuro. No creo que un líder religioso deba tener sus comunidades en un puño y conducirlas con mano férrea. Eso sólo lo pudo hacer Dios, que con la mano férrea y el brazo extendido sacó a los hijos de Israel de Egipto. Volvamos al ejemplo de Marshall Meyer. En su momento fue un líder muy carismático; quizá dentro del Movimiento Conservador ahora estemos sufriendo por su fuerte impronta centralizadora. Tal vez, por las circunstancias en que le tocó vivir, no tuvo otra alternativa que echarse toda su construcción sobre sus hombros y seguir solo hacia delante. Pero eso también impidió que sus continuadores desarrollaran todas sus potencialidades. Hoy, la realidad argentina es diferente, se requieren líderes más sutiles, no me gustan aquellos que son excesivamente carismáticos. Para mí, el líder religioso es un maestro, tiene que bullir en el momento en que se requiere una respuesta tajante y profunda frente a las injusticias. Cuando se habla de la religiosidad como fenómeno íntimo, el maestro no debe masificar, debe tener una palabra clara y concisa para cada uno. No me gustan la egolatría, el egocentrismo, ni en un líder político ni en uno religioso. El tema de la masificación quedó muy explícito en nuevos movimientos religiosos que terminaron en grandes masacres. Por eso, pienso que cuando se habla de las nuevas religiones hay que tomarlo con mucho cuidado. Cuando alguien trae un nuevo mensaje espiritual, hay que tomarlo con mucho respeto, pero paralelamente debe merecer también la atención de aquellos organismos responsables que deben analizar de qué se trata. Los requerimientos espirituales de ningún movimiento deben conllevar situaciones conflictivas dentro del seno familiar, no puede atrapar al individuo dentro de alguna red que lo vaya a aislar del marco social o afectivo.

Bergoglio: Soy respetuoso de nuevas propuestas espirituales pero deben ser auténticas y someterse al paso del tiempo, que dirá si su mensaje es coyuntural o perdurará a través de las generaciones. Sobrevivir al paso del tiempo es la mejor prueba de la pureza espiritual.

ÍNDICE